A HORA DO APOCALIPSE

EDGARD ARMOND

A HORA DO APOCALIPSE

Aliança

2ª edição, Dezembro/2021, 14.000 a 14.500 exemplares

TÍTULOS QUE COMPÕEM ESTE VOLUME
Considerações Sobre o Apocalipse de João
O Apocalipse de João
Épocas de Transição
Os Dias Finais
Difundindo o Evangelho
A Hora do Apocalipse

AUTOR
Edgard Armond

Revisão
Maria Aparecida Amaral

EDITORAÇÃO
MMS

CAPA
Elifas Alves / Eduardo Myiashiro
Fonte Ilustração de Capa: NASA - Asteroide and Comet Impact Hazards

IMPRESSÃO
Graphium Gráfica e Editora

FICHA CATALOGRÁFICA

Dados Internacionais de Catalogação na Publicação (CIP)
— Câmara Brasileira do Livro | SP | Brasil —

Armond, Edgard, 1894-1982
A Hora do Apocalipse / Edgard Armond
São Paulo: Editora Aliança - 2021
ISBN: 978-65-990196-5-4 - 128 páginas.

1. Espiritismo 2. Espiritismo - Filosofia 3. Filosofia e religião
I. Título

A763h CDD-130

ÍNDICE PARA CATÁLOGO SISTEMÁTICO:

1. Espiritismo: Filosofia e religião

EDITORA ALIANÇA
Rua Major Diogo, 511 - Bela Vista - São Paulo - SP
CEP 01324-001 | Tel.:(11) 2105-2600
www.editoraalianca.com.br | editora@editoraalianca.com.br

A HORA DO APOCALIPSE

Apresentação

Em ***A Hora do Apocalipse*** o Autor elucida a mística e a simbologia das profecias de João, o amado discípulo de Jesus, com absoluta clareza, ao mesmo tempo que interpreta os diversos conflitos evidentes da virada do milênio como sintomas a céu aberto dessas mesmas profecias, à luz do Espiritismo.

Em resumo, considera a época atual um período de transição, associado a importantes mudanças, sobretudo no campo moral, onde se evidencia o surgimento, no futuro, de uma nova civilização espiritualmente melhorada.

Reúne cinco opúsculos e um livro de mensagens mediúnicas com interpretações sobre esse tema, o Apocalipse de João, que durante muito tempo só causou apreensão e medo entre as pessoas desinformadas, em razão de repetidos anúncios do fim da humanidade. Na visão do autor, todavia, isso não acontecerá. Somente as citadas mudanças, o que aumenta a nossa responsabilidade com respeito à Reforma Íntima.

CONSIDERAÇÕES SOBRE O APOCALIPSE DE JOÃO

Preâmbulo

Apocalipses são revelações feitas a profetas (médiuns) da antiguidade.

Apresentam diferentes aspectos que tanto podem referir-se a assuntos limitados como gerais, como também podem ter sentido extensivo, figurado, analógico ou místico.

Há vários Apocalipses, sendo mais citados os seguintes:

O Livro de Enoque — citado por Irineu, Tertuliano, Clemente de Alexandria, Ambrósio, Orígenes, Euzébio e outros "Pais" da Igreja Católica Romana, inclusive Jerônimo, que codificou os Evangelhos.

O Livro de Esdras — também conhecido como Apocalipse do ano 97.

O Apocalipse de Baruque.

O Apocalipse de Elias.

O Apocalipse de Daniel.

O Apocalipse de Moisés — a Gênesis.

O Apocalipse de João tem todos os sentidos acima citados e, segundo seu discípulo Policarpo, que o revelou a Irineu, foi escrito na ilha de Patmos, fronteira a Éfeso, no mar Egeu, Ásia Menor, para onde fora exilado em 95 a.D., pelo governo romano de Domiciano, local também, onde segundo a maioria dos autores, escreveu o evangelho que tem o seu nome. Morreu com 94 anos, aproximadamente.

Este Apocalipse tem caráter cósmico porque relata acontecimentos que interessam à Terra e sua humanidade em conjunto; tem condições especiais de destaque e de finalidade, dá remate aos ensinamentos de Jesus, dos quais é um complemento ou distensão, na parte em que o Divino Mestre, no seu sermão de despedida aos discípulos, às vésperas da crucificação, refere-se aos acontecimentos finais deste atual ciclo evolutivo que, com a sua vinda teve início. Foi escrito em oportunidade adequada, psicológica, como se costuma dizer, após as terríveis perseguições religiosas sofridas pelos cristãos primitivos.

João foi o apóstolo que mais tempo permaneceu encarnado, em relação aos demais, **pois para isso estava destinado**[1] e também porque era o mais jovem dentre eles, pois que nasceu quando Jesus tinha 10 anos e tinha 23 ao tempo da crucificação, à qual assistiu em companhia de Maria de Nazaré, Salomé e Maria de Magdala.

Há várias interpretações deste Apocalipse e com este resumidíssimo trabalho não queremos acrescentar outra, mas simplesmente apresentar pontos de vista e versões baseadas, sobretudo, em opiniões autorizadas de instrutores espirituais.

Desenvolvimento

Divide-se este Apocalipse em três partes: a primeira contendo instruções às igrejas fundadas pelos apóstolos; a segunda, as provações pelas quais passaria a humanidade até o início do período final; e a última tratando dos acontecimentos desse período que é, aliás, o que mais interessa à humanidade de nossos dias.

Postas de lado as dificuldades naturais das interpretações simbólicas, o caráter anacrônico das revelações e o profundo misticismo que envolve a narrativa do princípio ao fim, dificultando seu entendimento, pode-se entretanto admitir que foi escrita tendo em vista, principalmente, os acontecimentos trágicos e definitivos da época atual, após ter a humanidade, usando de inteiro livre-arbítrio, percorrido os caminhos que preferiu, no curso das sucessivas civilizações terrestres.

---

[1] Evangelho de João 21:22

As vidências que o apóstolo teve em Patmos, durante dias e semanas sucessivas, oferecem quadros flexíveis, suscetíveis de interpretação arbitrária, mas podem ser compreendidos melhor levando-se em conta que a exposição está repleta de remissividades e que os símbolos, imagens e alegorias apenas se repetem, aliás, frequentemente, dando ao contexto geral um avultamento e distensão exagerados.

Em estado de desdobramento ou êxtase, provocados e controlados pelo Alto, o apóstolo viu, nos Planos Espirituais, quadros e projeções etéreas, que deveriam gravar-se em sua mente psíquica com a intensidade suficiente, para serem reproduzidos em um trabalho já, de antemão, destinado à divulgação em dias vindouros.

Esses quadros fixados por João naturalmente que se ressentiram das falhas da memória física e, não lhe sendo possível transmitir, em perfeita fidelidade, tudo o quanto viu, com a contemporaneidade de detalhes que a vidência, nestes quadros amplos, oferece aos médiuns, fê-lo como podia, estabelecendo comparações com as coisas que já conhecia antes, próprias do mundo material, mas respeitando sempre e fielmente, seu sentido oculto; e isso podia fazê-lo porque o vidente, via de regra, no ato de perceber ou ver as cenas e imagens astrais, tem delas e da sua significação, conhecimento ou intuição momentâneos, o mesmo sucedendo com relação aos símbolos e alegorias que, aliás, no Apocalipse muito se assemelham aos utilizados na tradição espiritual dos hindus, persas, sírios, caldeus, árabes e egípcios, visto que as verdades espirituais não se alteram pelo simples fato de serem apresentadas em lugares e épocas diferentes.

Pelo exame feito deste Apocalipse pode-se constatar, como já foi citado, que a matéria final tem preponderância e se refere direta e especialmente aos tempos atuais da transição cíclica iniciados em 1950. Por outro lado a narrativa não tem datas certas, porque representa instantes, momentos e períodos cósmicos referentes à Terra, com os acontecimentos indicados unicamente pela sucessão deles, visto que nos mundos espirituais não existem espaço e tempo.

Jesus, profetizando sobre esses acontecimentos, no sermão final e em várias outras ocasiões, referia-se a uma Nova Jerusalém ou Cidade Santa, numa alusão bastante clara e antecipada da Terra renovada do Terceiro Milênio, na qual não entrariam Espíritos retardados na evolução, os quais, no expurgo a haver, a essa altura já teriam ficado para trás, e João refere-se a isso e também "a um novo céu e uma nova Terra" porque, nessa altura, já também estariam mudados os cenários, por causa da verticalização do eixo da Terra e dos cataclismos profetizados para ocorrerem em outros setores.

Nesta simbologia os ministros de Deus são anjos, arcanjos, serafins, querubins e outros seres ativos, que se apresentam de diferentes maneiras; as decisões da Divindade são apresentadas como espadas que fulguram na mão de executores; os selos que são rompidos e as trombetas que soam, marcam sempre o início de ações que vão se desenrolar; os anjos e os santos das igrejas são os Espíritos protetores delas; insetos e aves representam personagens humanos; dragões e serpentes são Espíritos malignos e a Besta (animal sempre figurado em destaque) representa os instintos da animalidade inferior que tentam dominar o homem; o Cordeiro é Jesus, que foi imolado pela salvação da humanidade e assim por diante, em todos os capítulos do livro, com pequenas variantes.

Quando o Vidente quer expressar as belezas e as glórias dos mundos espirituais, emprega os termos: coroas, lâmpadas, estrelas, archotes, relâmpagos, claridades, e o faz sempre de forma hiperbólica, que é a usual no sistema oriental de fixar imagens na mente.

Os sete candelabros, sete lâmpadas, sete estrelas, sete selos, são fixações mentais do Vidente, referentes à tradição setenária da Criação Divina; o número doze lembra o respeito devido aos fastos familiares ou nacionais da nação israelita, a saber: as doze tribos, os doze filhos de Jacó, os doze meses do ano, os doze apóstolos, os doze signos do zodíaco, etc.; e quando fala em dias quer dizer milênios e, em horas, séculos.

Voltando aos selos que fecham livros, quando eles se abrem para marcar o início de acontecimentos humanos, os seis primeiros referem-se aos que ocorreram na Terra, após a morte de Jesus até o ano de 1950, e de maior significação evolutiva para a humanidade como sejam: o desvio religioso do Cristianismo Primitivo, o obscurantismo da Idade Média, as invasões dos Bárbaros, a queda do Império Romano, a Cisão Protestante, as duas guerras mundiais, o advento do Espiritismo, a eclosão do Comunismo ateu, enquanto que o sétimo e último, refere-se ao período final que estamos vivendo agora[2] e que, como já dissemos, vai até o fim deste século, momento que o Vidente descreve como "um silêncio de meia hora" (meio século), silêncio querendo dizer expectativa de julgamento, parada que precede à tempestade...

A primeira parte da narrativa, que se refere às igrejas e descreve o céu, não oferece dificuldades de interpretação porque não se dirige a coisas do futuro, como ocorre com as duas últimas; na segunda, quando o Cordeiro comparece e toma o Livro, surgem sete anjos com sete trombetas e, à medida que os selos vão sendo abertos e as trombetas soam, pela Terra passam inúmeras calamidades e caem sobre os homens os castigos das guerras, pestes, fomes e mortes, sobretudo, sobre os perseguidores de inocentes e mártires sacrificados.

Desde o início da civilização surge a figura da Besta, que representa o esforço de animalização da humanidade, a dominação do homem pelos instintos e pelos sentidos inferiores, o reinado desenfreado das paixões inferiores, com exacerbação do egoísmo e da violência, da brutalidade em todas as suas formas destrutivas, em contraposição radical aos ensinamentos de fraternidade e de amor, que deveriam reinar e que formam a estrutura e os fundamentos dos ensinamentos do Cordeiro.

Mais tarde, evoluindo no seu setor, a ciência materialista, ao invés de consolidar a revelação espiritual, caracteriza-se, bem ao contrário, pela negação do "espírito", esforçando-se por estabelecer o predomínio da inteligência sobre as almas, contrariando o equi-

[2] Esta obra foi publicada pela primeira vez na década de 1970. (Nota da Editora).

líbrio das forças construtivas eternas, no mesmo passo em que as religiões dogmáticas e mundanas vêem seu prestígio enfraquecer e crescer assustadoramente a inquietação humana pelas vicissitudes e pela miséria, ameaça sempre presente, como resultado da expansão demográfica egoísta e frenética dos homens, que lutam pela posse de bens perecíveis e ilusórios.

A Besta, visando o desregramento da humanidade, atua fortemente no campo do sexualismo; o psiquismo bestial tem seu comando no astral inferior da Terra e utiliza, em grande número, agentes encarnados e desencarnados muito ativos, que semeiam males sem conta, perturbam as mentes, destroem a fé incipiente nas almas e aumentam continuamente seu campo de ação, principalmente no período final, quando as legiões malignas, aprisionadas há longo tempo nas regiões trevosas, vão sendo soltas e reencarnam pressurosamente, aproveitando esta última oportunidade que se lhes oferece, porque deverão ser julgados todos, indistintamente, vivos ou mortos.

A vida na Nova Terra será a da Sexta Raça e se caracterizará pela feição evangélico-cristã, os homens se irmanando em todas as atividades sociais, com desprendimento de bens exclusivos, sob um governo com base na fraternidade universal. A atmosfera será limpa e o clima estável, assegurando inalterável claridade e paz no coração dos homens.

O esforço do trabalho será de todos para todos, com reta justiça na distribuição de bens de vida como, aliás, sucede nos mundos mais evoluídos, com justo tempo para repouso, estudo, reuniões do culto a Deus, todos recebendo oportunidades preciosas de progresso espiritual pacífico, visando a ascensão aos reinos angélicos.

No julgamento previsto no final do último período, todos os que forem colocados à direita do Cristo serão inscritos no Livro do Cordeiro e poderão entrar na Nova Jerusalém pelas portas das reencarnações autorizadas, para que haja unidade de conhecimentos, crença e evolução.

Antes, porém, desse selecionamento, que aos poucos já vem sendo preparado, haverão novas oportunidades de redenção para encarnados e desencarnados, bons e maus, para que "os justos se justifiquem ainda", "os santos se santifiquem ainda" e "os sujos se sujem ainda", porque todos, mesmo os bons, serão tentados, trabalhados pelas forças do mal, devendo ser reexaminados nas últimas reações do psiquismo individual, para que tudo afinal se defina e se confirme definitivamente.

Quando o Cordeiro, como julgador, abrir o sétimo selo e se fizer o "silêncio de meia hora", como expectativa, antes das sentenças serem proferidas, os Poderes Celestes retomarão em mãos as rédeas dos acontecimentos, retirando-as dos homens, para exercerem os julgamentos, procederem às punições, glorificarem os Justos e instalarem o Cordeiro na Cidade Santa — o seu Novo e Glorioso Reino.

Mas a Besta que já tinha sido antes derrotada por Jesus, com sua descida à arena terrestre e seu sacrifício de amor, aliando-se a Satanás e sabendo "que restará pouco tempo" multiplicará seus ataques sendo, porém, derrotada definitivamente pelas hostes do Cordeiro "que não amaram suas vidas até a morte".

Quando, pois, o sétimo selo for aberto, um anjo correrá pelo céu anunciando que chegara a hora do julgamento; sete anjos colocar-se-ão frente ao trono do Eterno, cada um portando um cálice, cujo conteúdo irá vertendo sobre a Terra, ninguém podendo fugir enquanto o último deles não for derramado.

E assim ocorrerão os últimos acontecimentos deste fim de ciclo, com a sequência dos mais terríveis cataclismos na terra, no céu e no mar, durante os quais perecerão centenas de milhões de seres, operando-se em todos os setores impressionantes transformações.

Todos os homens serão julgados pelo que estiver escrito no Livro; a morte e o inferno serão lançados no tanque de fogo, consumindo-se, enquanto os Justos se assentarão na Nova Jerusalém, tomando lugar para viverem com o Cristo por mil anos.

E o Vidente termina sua narrativa dizendo que viu um céu novo e uma terra nova e que tudo foi cumprido, resplandecendo então a Nova Jerusalém; e bem-aventurados serão os que lavaram suas vidas no sangue do Cordeiro porque viverão na sua glória para sempre.

RESUMO DO TEXTO

Ante o trono de Deus, rodeado de Luminares, o Cordeiro recebe o Livro, fechado com sete selos, que registra a vida dos homens na Terra, como o único entre todos julgado digno de abri-lo.

Vai quebrando os selos um por um: os quatro primeiros simbolizam o que deveria ser a vida na Terra, dentro da paz, da pureza e do amor quando, ao contrário, prevaleceram os elementos negativos do orgulho, egoísmo, sensualismo, ambição, violência e morte, circunstância essa que forçosamente levaria aos corretivos indicados nos selos quinto e sexto.

Esse é o período probático da humanidade terrena, no tempo que vai da morte de Jesus na cruz até meados do século atual.

Prosseguindo, o Cordeiro quebra o sétimo selo e com isso inicia-se o período de aproximação do fim e de expectativa em relação ao julgamento divino predito por Jesus; surgem no cenário celeste os anjos portando trombetas, enquanto na Terra vão se desencadeando tumultos, cataclismos e guerras, que se sucedem à medida que as trombetas soam, da primeira à sexta.

Ao soar a sétima inicia-se o esperado julgamento, enquanto na Terra ocorrem os cataclismos finais indicados pelas sete taças, que os Anjos conduzem e cujo conteúdo vertem sobre ela: glorificam-se os Dez Mandamentos de Moisés e o Evangelho de Jesus; a Besta humana (animalidade inferior) é eliminada e Satanás (legiões malignas) é removido para lugares de expiações.

Finalmente, eis que entram os homens justos no Reino Prometido, na gloriosa Nova Jerusalém — que é a Terra renovada do Terceiro Milênio.

Quem seguir o Cordeiro não andará em trevas e habitará a Cidade Santa, eis o que o Apocalipse do Apóstolo revela nos seus inúmeros e simbólicos quadros de vidência eterna.

Apesar de apenas iniciado na Terra o período evolutivo final, já podemos observar as ondas de corrupção, de violência, de anarquia, desorientação e desequilíbrio sexual que varrem o planeta do extremo a extremo, atingindo homens, mulheres, e jovens, principalmente.

A Besta apocalíptica domina por toda parte e ainda que as hostes do Divino Cordeiro se unam, se multipliquem, ficarão sempre sujeitas à possível derrota, se não merecerem o auxílio do Alto, corporificado no Cristo, que é o único poder capaz de vencer a batalha da luz contra as trevas.

As massas malignas infestam as Trevas, o Umbral e a Crosta planetária, onde misturam-se com os encarnados, pois que todos são parte da mesma humanidade e, no próximo expurgo, dois terços dela, aproximadamente, serão descartados, eliminando-se assim definitivamente do planeta as forças negativas e os seres humanos incompatíveis e irrecuperáveis, por enquanto, pelos recursos construtivos do amor.

As massas de Espíritos que estão sendo soltas e liberadas para tomarem parte na grande separação, saturarão a Terra nestes últimos tempos, tentando reconstituir a vida dos mundos primitivos, e os desregramentos das civilizações passadas, fazendo o mundo retrogradar. Porém todos eles e mais os feiticeiros de todas as origens, os chacinadores de povos conquistados, os inquisidores religiosos, os comerciantes e industriais que sugam na miséria do povo, os armamentistas e outros profissionais de guerras, os políticos desalmados que enganam o povo e somente visam a conquista do poder e toda a escumalha moral da humanidade, inclusive os que retardaram a evolução espiritual dos homens, apregoando cultos de exterioridade, serão descartados, conquanto muitos poderão ainda redimir-se pelas luzes do Evangelho, pelo esforço benévolo dos humildes discípulos do Cordeiro, que não cessam de difundir pelo mundo as promessas da redenção.

Assim, pois, como se vê, o sacrifício, por maior que for, para ajudar a salvação do maior número, eis o único caminho da ascensão para a angelitude, porque a renúncia de si mesmo é a marca do Cordeiro e o mais alto indício de evolução espiritual nestes tempos.

E para os Espíritas, sobretudo, nos dias atuais, este será o maior dever, após a devida preparação pela reforma íntima.

Como as religiões e filosofias não tiveram êxito, porque permaneceram nas exterioridades ou na abstração, e como precários foram os resultados do seu trabalho, conforme se pode constatar pelo baixo índice de espiritualidade da humanidade atual; e como os homens, por si mesmos, isto é, de consciência e inteligência próprias não agiram, buscando os caminhos verdadeiros apontados pelo Divino Condutor, o único poder capaz de derrotar a Besta apocalíptica, mais que nunca dominante, repetimos, é o Cristo Planetário, que, agindo como um tribunal infalível, selecionará aqueles que poderão formar a humanidade futura.

E por isso é que o Espiritismo veio, como agente do Cristo, como recurso derradeiro de esclarecimento e encaminhamento dos homens destes dias.

MENSAGENS[3]

"Se eu quero que ele fique até que eu venha, que te importa a ti?" (João 21:22)

De profundo sentido e controversa interpretação essas palavras de Jesus.

João permaneceria entre os discípulos até que Jesus se lhe manifestasse na ilha de Patmos, trazendo-lhe a revelação do Apocalipse, explicam alguns.

Jesus lhe determinou que ficasse até o "fim dos tempos" na Terra, por ter sido quem mais O amou e também o mais amado dos discípulos, esclarecem outros.

Ficaria ele entre nós através do mais místico dos Evangelhos e do único Apocalipse que seria conservado nas Escrituras, afirmam terceiros.

O fato é que a presença de João é uma realidade no cenário espiritual terreno, buscando fazer-se sentir de forma o mais possível e acentuada agora, no momento de maior necessidade de evangelização humana.

Razin

O mundo renovado do Terceiro Milênio será habitado não somente pelas criaturas consideradas dignas de nele permanecerem, mas também por entidades bastante evoluídas de outros planos, que para ele serão conduzidas após as convulsões físicas, sociais e morais do período de transição que atravessais.

Crede que em todo o processo será obedecido o critério da mais rigorosa justiça, evangelicamente aplicada, tanto no afastamento dos Espíritos não qualificados a permanecerem na Terra,

[3] Na obra original o Autor concluiu, neste ponto, a mensagem de Emmanuel, constante à pág. 53, sob o título "Revelações". (Nota da Editora)

como na emigração de almas alienígenas, que se dará para que influam no progresso, decisivamente, dado seu grande adiantamento espiritual.

Nosso principal trabalho será evitar, quanto possível, uma emigração quase que em massa de Espíritos retrógrados de vosso meio para os planos inferiores. Neste propósito contamos com a infinita misericórdia do Pai, que não deseja que nenhum de seus filhos se perca.

O Mestre apresta-se agora a recolher as ovelhas dispersas do seu rebanho, uma vez que quantas forem achadas fora do seu aprisco, serão lançadas "nas trevas exteriores onde haverá choro e ranger de dentes".

Na realidade os chamamentos do Senhor, nestes últimos tempos, serão de tal ordem que muitos, mais do que supondes, se salvarão.

Emmanuel

O APOCALIPSE DE JOÃO

No Apocalipse, tudo tem significação cósmica e deve ser considerado em caráter geral, global. Tudo foi gravado na consciência etérica de João e depois transferido para sua memória física. João, não sabendo transmitir o que viu em perfeita realidade, descreveu como pôde, comparando com o que conhecia, mas o sentido oculto foi respeitado e os símbolos e alegorias descritos tal como os viu. Assim, quando menciona mar de sangue, significa guerra, matança, catástrofes.

O Apocalipse apresenta figuras, símbolos e alegorias semelhantes aos utilizados antes pelos hindus, persas, sírios, egípcios, árabes e caldeus, porque a verdade não se altera, isto é, os significados eram os mesmos para cada um daqueles povos, porém os que João usou referem-se exclusivamente aos atuais fins de tempo evolutivo. O que foi narrado, entretanto, não tem data certa, mas sim período, instante, momento cósmico, porque espaço e tempo não existem no mundo espiritual. Momento cósmico pode ser 100/200 anos.

No capítulo 1:2-3, João relata o que o próprio Jesus já profetizara sobre os fins dos tempos. Nova Jerusalém ou Cidade Santa é alusão à Terra renovada do Terceiro Milênio, na qual não estarão Espíritos atrasados, pois que, no expurgo, ficarão para trás. Ao que consta, de uma população espiritual estimada em 24 bilhões, somente um terço, isto é, oito bilhões serão admitidos no Planeta Renovado, de amor e redenção.

No capítulo 21:1, onde diz "uma nova Terra e um novo céu porque os primeiros se foram e o mar já não é", refere-se ao novo aspecto do céu após a verticalização do eixo da Terra.

Por ocasião dos cataclismos que submergiram a Atlântida, o eixo da Terra caiu para a direita alguns graus. Espera-se que com a movimentação deste final dos tempos, o eixo retorne à vertical, resultando em degelo dos polos e equalização das estações.

Como consequência, teremos ainda no planisfério a mudança de posições das constelações, bem como alterações nos mares e nos continentes. As mudanças maiores terão lugar nas vésperas do período de transição.

A vida no próximo milênio será a da Sexta Raça e se caracterizará pela feição evangélica cristã. Os homens se irmanarão em todas as atividades, com desprendimento de bens perecíveis e exclusivos, em governo socialista cristão. A luz do Cristo Planetário afastará as trevas, fazendo reinar inalterável claridade nas almas.

O trabalho será de todos para todos, com justiça em sua distribuição, tal como ocorre nos astros evoluídos, havendo tempo destinado ao labor, ao estudo, ao culto, ao repouso, às distrações sem competições, e os Espíritos receberão da árvore da vida (símbolo de eterna fonte geradora) o alimento e os recursos necessários ao aperfeiçoamento que leva aos reinos angélicos (1º céu, dos guardiães).

Todos os que forem localizados à direita do Cristo, no selecionamento a ser feito, serão inscritos no Livro do Cordeiro e poderão entrar na Nova Jerusalém pela porta das reencarnações oficiais[4], para que haja uma só raça, um só rebanho e um só Pastor.

Mas antes desse selecionamento haverá oportunidade para todos, bons e maus, a fim de que os justos se justifiquem ainda, os sujos se sujem ainda e os santos se santifiquem ainda, isto é, para que tudo se defina de vez.

A simbologia do Apocalipse parece discordante, mas apenas se repete: quando João fala de glória espiritual, emprega os termos coroas, lâmpadas, estrelas, fachos, relâmpagos, claridades deslumbrantes, porque esse era o sistema oriental de fixar as imagens na mente. Quando fala de sete estrelas, sete sóis, sete selos, etc. refere-se à tradição da criação divina no ritmo septenário; quando

---

[4] Reencarnações normais e reencarnações forçadas.

emprega o número 12, respeita as características nacionais dos hebreus: as 12 tribos, os 12 filhos de Jacó, os 12 meses do ano[5], os 12 apóstolos e outras como os 12 signos do Zodíaco, dentro dos quais o sol se movimenta, etc.

Quando fala de dias, quer dizer milênios e de horas, quer dizer séculos.

As potestades, anjos, arcanjos, querubins e serafins abrem os sete selos, que representam os períodos siderais referentes a este fim de tempos. Os seis primeiros selos representam os acontecimentos da época de Jesus até 1950 e o último os acontecimentos dessa data até o fim do período de transição, já na Terra Nova.

No capítulo 8:1 – Quando o primeiro anjo abriu o sétimo selo, fez-se silêncio de meia hora (meio século), durante o qual as coisas finais acontecerão.

No capítulo 8:2-5 – Refere-se aos acontecimentos do último período (último selo); sete anjos foram soprando sucessivamente suas trombetas e os acontecimentos foram-se desenrolando.

Pelo primeiro anjo foi lançado fogo sobre a Terra, chuva de pedras e sangue, e a Terra foi abrasada, houve terremotos, etc., e um terço da vegetação e do arvoredo foi queimado e o mar se transformou em sangue (cataclismos e guerras em terra, no ar e no mar).

Os seis selos anteriores referem-se aos acontecimentos religiosos ocorrentes no planeta: cultos primitivos, bramanismo, budismo, cristianismo, espiritismo, etc.

O Apocalipse foi escrito de forma peculiar para que pudesse atravessar intacto todos esses séculos até nossos dias, a fim de servir de mensagem a todas as igrejas do momento. Suas descrições estão sendo confirmadas pela história.

Mais uma vez se comprova que os escritos do Apocalipse se destinam aos tempos presentes.

---

[5] Calendário hebreu: Shebat – Adar – Nizan – Zif – Sivan – Tammuz – Ab – Elul – Tishri – Bul – Kislev – Tebeth.

O termo Besta foi empregado para designar o instinto animal irresponsável. No Apocalipse de João, significa o reinado desenfreado das paixões inferiores e dos sentidos físicos sob o comando pervertido dominado pelos impulsos do instinto animal, periodicamente revigorado pelos altos e baixos da vida coletiva (civilizações).

Nos dias deste período final do globo, o descontrole se apóia também nas conquistas da ciência materialista que impressionam as almas fracas e na desorientação proveniente do desmoronamento das religiões de bases falsas, como ainda na revolta humana contra as desigualdades das condições sociais de vida (excesso de população, contenções, comunização, etc.). Daí surgiu o apelo ao militarismo como fonte de disciplina e de organização.

A Besta, em seu reinado, alimenta-se de tudo quanto produz no mundo: tristeza, revolta, corrupção, crimes, guerras, fome e mortes coletivas. Ela visa a desmoralização da humanidade, seu desgoverno, devassidão coletiva, predominância do instinto animal, do sexualismo desenfreado e brutal. Objetiva ainda o insucesso de tudo quanto as civilizações construam no campo da ordem, da disciplina social e da moral pública. Busca a extinção dos laços familiares e sociais, das forças militares e policiais, para finalmente estabelecer o pânico universal e o caos geral, com a morte ameaçando dia a dia e de hora em hora a humanidade inteira, gerando insegurança.

Esta é a ação da Besta do Apocalipse que se desenvolverá neste fim de tempo, agindo favorecida pelas enormes brechas abertas na cidadela terrena pela inferioridade dos homens, seu afastamento de Deus, sua invigilância religiosa e seu retardamento evolutivo.

Na vida dos homens, a Besta representa, pois, as forças negativas do mal, que encontram campo aberto para sua dominação.

Por isso, todos os símbolos de dragão, serpente, etc. referem-se aos instintos animais que a esta altura já deveriam ter sido superados pelos homens.

As cores vermelha e escarlate referem-se às forças da vida física animal centralizada no sangue, que é a linfa da vida animal. Nestes dias finais, não só a linfa do corpo físico como a do perispírito serão contaminadas. Isto quer dizer que o próprio Espírito poderá ser dominado pelos instintos da animalidade inferior. **Serão dominados todos os que amarem a vida até o fim, até os limites máximos do que ela poderá dar de gozos e prazeres sensuais. Somente aqueles que se filiarem às hostes do Cordeiro, provando que amam também a vida após a morte, a vida do Espírito, se salvarão**.

A Besta é a explosão incontida da animalidade e prova a necessidade de selecionamento para abertura de nova possibilidade de recuperação futura, fora da Terra, com as experiências e sofrimentos que os expurgos receberão.

Tudo que é ruim no mundo pertence à Besta, adora-a e é seu agente, inclusive os sacerdotes das religiões convencionais que não tenham base nas religiões espirituais.

O único poder capaz de derrotar a Besta é o do Cristo Planetário, porque tanto a ciência como as religiões não o conseguiram e é por isso que o Espiritismo veio como agente do Cristo para evangelizar o mundo, ajudando o trabalho insano dos mensageiros do Divino Pastor.

Vimos como a Besta, representada também pelo símbolo numérico 666, visa o desregramento de toda a humanidade e atua primeiramente no campo do sensualismo.

O psiquismo bestial tem seus comandos no plano astral inferior e utiliza especializados agentes seus, encarnados em grande número e que vão multiplicar-se agora enormemente, porquanto as legiões malignas, segregadas há longo tempo nas regiões tenebrosas, estão sendo soltas e reencarnando em grande número, inclusive os que, desterrados de outros orbes, sempre desejaram governar a Terra.

Apesar de apenas iniciado o fim dos tempos, já se podem ver as ondas de corrupção, de anarquia, de desorientação e de sexualismo varrer a Terra de extremo a extremo.

A Besta, que foi abatida gravemente em virtude da vinda do Cristo com seu amor, seu sacrifício e roteiro que legou de vida reta e santa, que é o Evangelho, já voltou a dominar por culpa dos homens insensatos.

Ainda que as hostes do Cordeiro se unam e se multipliquem, se instruam e se evangelizem, ficarão sujeitas à derrota se não merecerem o auxílio dos poderes celestes, corporificados no Cristo, único poder real capaz de vencer a batalha contra as trevas.

Outra figura simbólica representativa do mal é satã que, no entanto, não passa de um mito, mas, nos mundos inferiores como o nosso, tem grande fama porque se alimenta, como a Besta, das imperfeições humanas.

Mas quando a luz do Cristo, centelha divina a brilhar dentro de nós, conseguir sobrepor-se à dominação material, a lenda de satã desaparecerá para sempre.

A crença de que satã é o anjo Lúcifer, expulso do céu por rebeldia contra Deus, não tem base sólida porque as **quedas** de almas foram duas: a primeira suposta queda, chamada original, foi a **descida** das centelhas dos mundos divinos para os mundos materiais; e a segunda, quando legiões de almas foram expulsas de outros orbes por incompatibilidade moral[6]. Essas almas, não conseguindo dominar o mundo até hoje, lutam por esse objetivo como legiões satânicas, porém, se não se modificarem nestes últimos dias do ciclo, serão novamente expurgadas, juntamente com as da própria Terra. Não confundir pois **queda** com **descida**.

Há grande verdade expressa no Apocalipse quando João, referindo-se a rebeldias de Espíritos precipitados para orbes infe-

[6] Vide o livro *Os Exilados da Capela*, do mesmo Autor.

riores, diz: "pelo poder do seu Cristo", deixando ver que cada orbe tem seu Cristo, seu Espírito Planetário

As massas humanas malignas infestam as trevas, o umbral e a crosta, misturam-se com os encarnados em enorme maioria e, no próximo expurgo, dois terços, aproximadamente, serão descartados, limpando-se definitivamente o planeta desse refugo humano, como já dissemos anteriormente.

Esses Espíritos estão sendo soltos em massa das prisões em que se encontravam há milênio e meio para que sejam agraciados com nova oportunidade e em seguida julgados, porque devem ser julgados "os vivos e os mortos".

Eles saturarão a humanidade da Terra nestes últimos dias, voltando aos costumes corruptos da Lemúria, da Atlântida, da Babilônia, da Roma Imperial e de outros centros de devassidão da antiguidade.

Os feiticeiros africanos, os inquisidores do Santo Ofício, os chacinadores de povos conquistados, os comerciantes e industriais que exploram a miséria humana, os armamentistas, os políticos desalmados, enfim toda a escumalha moral da humanidade será descartada, conquanto muitos possam salvar-se no selecionamento, tocados à última hora pelas luzes do amor cristão espalhadas pelos discípulos humildes do Cordeiro, sobretudo espíritas.

Sacrifício para ajudar a salvação do maior número, eis o único caminho de ascensão para a angelitude, porque a renúncia de si mesmo é alto índice de evolução espiritual.

Para os Espíritas, nos dias atuais, este é o maior dever, depois da devida preparação.

ÉPOCAS DE TRANSIÇÃO

JUÍZO FINAL

Conferência proferida na FEESP, em ***7/12/1951***

Temas da Conferência: Épocas de transição
Gerações a chegar
Juízo final
A humanidade do Terceiro Milênio

Como a matéria é vasta e o tempo restrito, resumirei tanto quanto possível, mesmo que isso atente contra a maior clareza dos assuntos.

ÉPOCAS DE TRANSIÇÃO

Toda vez que a humanidade se aproxima de um fim de ciclo evolutivo entra em uma fase preambular denominada de transição.

Nesse período se rematam esforços individuais e coletivos, apuram-se sentimentos e costumes, ajustam-se relações humanas e chega a termo uma porção considerável de situações que vinham se desenvolvendo há séculos, morosamente, sem solução.

É um período delicado, de evidente instabilidade e flutuação, em que os valores são solucionados no tumulto dos acontecimentos e dos reajustes referidos, precipitando-se uns sobre os outros, colimando profundas modificações na vida, nos costumes e na própria natureza humana.

❖

Referindo-nos unicamente aos dois últimos períodos passados, vemos que Moisés veio em uma época destas, estando o povo hebreu escravizado no Egito, aguardando redenção. A etapa de transição, neste caso, foi feita durante o êxodo, no deserto, e terminada esta para aquele povo, que ainda não tinha delinquido, segue-se uma vida feliz de muitos séculos na Terra Prometida.

Jesus veio na época seguinte, 1500 anos depois, estando a humanidade sofrendo uma nova provação, visto ter desprezado a revelação do Decálogo que, apesar de espalhada pelo mundo, não conseguiu redimi-lo.

Os próprios judeus enveredaram pelo caminho do dogmatismo, da deturpação, das ambições políticas, do orgulho pessoal, da dominação religiosa através do Templo, onde se sucediam em rodízio ininterrupto membros de duas ou três famílias privilegiadas; e quanto aos demais povos — que eles chamavam de pagãos ou gentios — viviam dentro do mais grosseiro materialismo e idolatria.

Esse período de transição começara com a dominação da Palestina pelos romanos em 63 a.C., e o nascimento de Jesus encerrou-o porque, segundo as escrituras, o mundo deveria então iniciar uma vida de felicidade perfeita sob o reinado do Messias. Entretanto, o povo hebreu recusou o Messias e até mesmo o condenou e o matou na cruz, dando margem a que o período recomeçasse, e agora ainda mais violento, culminando com a destruição da própria Jerusalém no ano 70.

❖

No tempo em que Jesus veio, a situação espiritual do mundo, em relação aos conhecimentos religiosos, era a seguinte: as revelações feitas no passado, que formavam a tradição religiosa conforme os ensinos do próprio Cristo em anteriores encarnações, a saber:

na antiga Lemúria, onde viveu a Terceira Raça, como Numu; na Atlântida, com a Quarta Raça, sob o nome de Antúlio; na Ásia Menor, como Abel, na Índia e na Pérsia, como Krisna; na Índia, no Nepal e na China, como Buda; e finalmente, na Palestina e na Síria como Moisés; essas revelações, ao tempo do nascimento, eram conservadas por cinco agrupamentos que formavam Escolas ou Templos de sabedoria, como segue: o ramo de Numu, deturpado e modificado, existia na Índia como brahmanismo; o de Antúlio, herdado pelos dáctilos gregos conservou-se através de Homero, Sócrates, Platão, Aristóteles e Ptolomeu, estando, naquele momento, radicado em Alexandria, no Egito, sob a direção de Fílon; o ramo de Abel perpetuou-se pelos Kobdas, no Egito e Mesopotâmia, passando aos árabes e estando no momento sob a chefia de Melchior, um dos chamados reis magos; o de Krisna, com ramificações na Pérsia sob a forma do masdeísmo segundo o Zend Avesta, estava chefiado por Baltazar, outro dos reis magos do Evangelho; o ramo budista estava fixado em Bombaim, na Índia, sob os cuidados de Gaspar, o terceiro dos reis magos; e, finalmente, o ramo de Moisés, com profundas raízes na Palestina e na Síria, fora perpetuado pelos essênios.

Em resumo, toda a sabedoria revelada aos homens, vinda diretamente do Cristo planetário nas suas anteriores encarnações, estava corporificada nos seguintes iniciados ou mestres: Fílon, de Alexandria, Melchior, do Monte Horeb, Baltazar, de Persépolis, Gaspar, de Bombaim e pelos essênios que se espalhavam por vários santuários situados nas montanhas da Palestina e cuja sede central era o santuário do Monte Albarin, nas montanhas de Moab, junto ao Mar Morto, na Palestina.

❖

Estes conhecimentos foram completados e sublimados com os ensinos de Jesus, a última encarnação do Cristo, e depois que este se foi também o tempo tem corrido velozmente, por quase dois mil anos, e hoje estamos encerrando novamente um ciclo evolutivo, entrando em uma perigosa época de transição, que se nos apresenta mais dolorosa ainda que as anteriores.

Olhando o mundo e comparando as situações, vemos que há uma extraordinária semelhança entre as duas épocas.

Da mesma forma como sucedeu com o Decálogo, o Evangelho também não conquistou o mundo, foi deturpado e desprezado pelos homens.

E as tradições religiosas novamente estão agrupadas em cinco principais correntes, que são as seguintes: a trilogia hindu, o islamismo, o judaísmo, o chamado cristianismo, composto de católicos, protestantes e ortodoxos e, finalmente, a religião nova, o Espiritismo, nascido há pouco mais de um século, já bastante espalhado pelo mundo, porém somente possuindo seu caráter religioso bem definido em nosso país, que é a futura Pátria do Evangelho.

❖

Tudo o mais desapareceu, salvo o masdeísmo persa, representado hoje por uns 10 mil adeptos isolados em Bombaim, na Índia, a pátria de Gaspar, o mago.

❖

O fim do ciclo passado não levou ao expurgo de toda a humanidade, visto que a civilização da época concentrava-se nos judeus e nos romanos, os quais, como nações, desmoronaram. Mas esta transição que estamos iniciando agora levará fatalmente ao expurgo geral, visto estarem os prazos esgotados, conforme advertência que temos constantemente dos mentores espirituais do mundo, pela mediunidade e conforme o próprio Jesus o predisse em seus evangelhos.

Naquela época, sua presença no mundo alterou o rigor da lei, sua misericórdia cobrindo os homens em grande parte de suas faltas; porém foram marcados prazos mais rigorosos de futuro, para que as contas fossem feitas: quando houvesse a mudança cíclica do tempo, entrando o sol no signo de Aquário, dois mil anos depois as contas seriam tomadas; durante esse tempo, os ensinamentos dados pessoalmente pelo Divino Mestre, à força do seu sacrifício na cruz e o exemplo vivo de sua própria vida, teriam produzido seus efeitos e a humanidade teria assim nova oportunidade de subir mais um degrau na escala evolutiva.

❖

Dois milênios se foram de cruentas experiências e enormes sofrimentos que, todavia, como sabemos, não bastaram para impor ao homem rebelde o verdadeiro rumo da vida perfeita.

Mas o coração misericordioso de Jesus, considerando a promessa feita naqueles dias, mandou que novo enviado seu descesse à Terra para coordenar o advento do Paracleto. E assim, na França, o professor Rivail, com o pseudônimo de Allan Kardec — que era seu próprio nome na encarnação anterior, como sacerdote druida — codificou a doutrina chamada dos Espíritos, ou Terceira Revelação que, desde então, passou a expandir-se vitoriosamente pelo mundo, como uma derradeira esperança de redenção da raça humana, fortemente amparada em dois elementos poderosos, a saber: a mediunidade e o Evangelho, ao entrarmos neste século XX — que é o último deste ciclo — criou força de expansão extraordinária, principalmente em nosso país que, conforme está predito, será o luzeiro do mundo e o ponto donde a verdade se espalhará por toda parte, quando as trevas inundarem o mundo e o terror se apoderar dos corações aflitos.

Até que o século chegue ao seu fim, milhões de novos adeptos engrossarão suas fileiras, multiplicando as hostes daqueles que seguem o Senhor do Mundo rumo às esferas mais altas da vida espiritual superior.

❖

Estamos em pleno período de transição, às vésperas dos momentos de ascensão que levarão o homem da fase animal, retardada e bruta, à condição de Espírito livre, evangelizado, servidor do Cristo, capaz de viver exemplificando o amor a Deus sobre todas as coisas e ao próximo como a si mesmo, máxima perfeita final do Cristianismo redentor, às vésperas do Terceiro Milênio, reino em que o homem renovado viverá uma vida maior e mais perfeita, subindo para Deus nas asas da perfeição. Para promover isto é que o Espiritismo veio.

❖

Voltando a nos referir à situação no tempo de Jesus e mostrando a correlação que há entre as duas épocas de transição, constatamos que então lavrava por toda parte a maior corrupção, exatamente como hoje; a dominação estrangeira existia em vastas regiões do globo, mantida pela força das armas — o que também vemos hoje em grande parte da Europa e da Ásia — a escravidão de homens, mulheres e crianças, também como se vê hoje nos mesmos lugares citados; a degeneração de costumes e a imoralidade que vemos também por toda parte, inclusive ao nosso redor.

Naquele tempo os homens eram colocados sobre altares e adorados como deuses, bastando que tivessem poder ou fama, e os próprios animais eram também adorados ou levados até mesmo a exercer cargos públicos de relevo.

Quem ignora que o cavalo de Calígula, o imperador romano, foi eleito senador e tinha direito de voto? E quantos animais domésticos ou ferozes eram considerados deuses? E hoje na Ásia, mormente na Índia, também não vemos vacas, elefantes e macacos adorados como animais sagrados?

Entre os judeus — que fora o povo escolhido — a corrupção também medrava e igualmente a cobiça, a violência, o fanatismo e a maldade. O próprio Jesus não foi por eles sacrificado só porque pregava a fraternidade?

O Decálogo era letra morta, tendo sido substituído por inumeráveis regras de cunho nitidamente exterior, que visavam iludir o povo e escravizá-lo ao poder do Templo, para cujas arcas carreavam riquezas imensas. E hoje não vemos a mesma coisa nas religiões oficiais, faustosas e prepotentes, nas quais o culto externo passa a ser sua própria essência e principal finalidade?

❖

Mas examinemos agora mais de perto a situação nossa após esses dois mil anos de civilização.

Muita ciência, muito progresso material, porém, espiritualmente, evidente fracasso. As religiões, ao invés de se unirem, admitindo um só pastor, ao contrário distanciaram-se umas das outras e mutuamente se hostilizam. O que o Messias planetário ensinou propagou-se muito lentamente e não é seguido pela maior parte da humanidade, talvez, por menos de um terço da população do globo terrestre.

Os homens, não tendo seguido pelo caminho justo que leva a Deus, deram livre expansão aos seus pendores inferiores e instintos, aumentando a maldade.

A inteligência, mal orientada, gerou teorias incríveis e grotescas, travestidas de modernismo, o mesmo sucedendo nas artes, que cada vez mais se afastam da harmonia e da beleza que caracterizam as obras da Natureza, criando monstrengos, que alegam ser artes subjetivas; a mentira tomou assento em tronos oficiais e é poderosa arma de propaganda da maldade organizada; a tendência natural do homem em buscar a Deus é perseguida como crime em muitas partes e leva à morte prematura; e a liberdade, um dos mais preciosos bens que Deus concedeu ao homem é aniquilada e substituída pela escravidão do corpo, da palavra, do pensamento e do coração em quase metade do globo.

Como no passado, homens perversos são postos em tronos e altares, e adorados por multidões alucinadas; e teorias políticas que levam à dissolução da sociedade humana ganham terreno dia a dia, insufladas por fanáticos demagogos, que ignoram a verdadeira finalidade da vida humana.

E as dificuldades crescem diariamente, tornando a vida na crosta planetária um verdadeiro tormento, que muitos não suportam, desertando da vida aos milhares.

❖

Não vemos as classes populares escorchadas e martirizadas, caminhando cegamente para reivindicações violentas, como uma maré que sobe galgando penhascos, enquanto os governos se desorientam, não sabendo que medidas tomar?

E as nações, armando-se até os dentes para evitar um cataclismo que dia a dia está mais perto e que a todos aniquilará?

E não se agrupam para cuidar de paz enquanto levantam montanhas de armas com medo umas das outras?

E também não destroem loucamente o produto precioso das colheitas, que regaram com o suor do rosto, para em seguida clamarem por falta de alimento, mergulhando os povos na miséria e na fome?

E não está crescendo essa maré de ódio entre indivíduos, nações, continentes e raças?

E onde estão as boas maneiras, a delicadeza, a generosidade, no trato social? O homem está cada vez mais bruto e mais egoísta, porque a civilização modifica-se para pior, a ponto de que os que nascem agora, desde pequenos, são diferentes e hostis aos mais antigos já encarnados.

Ao invés de sequência natural entre as gerações, formam-se antíteses violentas e desagregadoras.

Este é o triste espetáculo atual do mundo: a competição e luta ao invés de fraternidade; ambição desenfreada ao invés de desprendimento; ódio de classes, ódio religioso, ódio político, ódio racial, ao invés de amor universal.

Triste fim de um ciclo evolutivo bafejado pelo Evangelho ...

E além de tudo, antevendo-se no horizonte, ameaçadoramente, o fantasma da destruição coletiva, na grande batalha que se aproxima velozmente e durante a qual o gênio humano empregará processos de mortífero poder destrutivo.

Quem tem segurança nos dias de hoje?

Quem pode repousar na velhice ou expandir-se harmoniosamente na juventude, segundo as leis que Deus estabeleceu?

As vidas jovens são ceifadas aos montes. É a juventude que, de preferência, mobiliza-se para os exércitos, justamente devido à sua inconsciência, à sua inexperiência, à sua capacidade de se lançar entusiasticamente nas voragens escuras da morte, com o sorriso nos lábios como flores virentes que o vento ceifa impiedosamente nas tempestades.

As últimas tropas que Hitler lançou contra os russos em 1945 eram compostas por adolescentes imberbes que não podiam nem com o peso de suas armas e cujos peitos cobertos de medalhas eram espelhos ridículos e macabros enfeites para o sono da morte.

Os kamikases japoneses, denominados torpedos humanos, que se arrebentavam contra os conveses mortíferos dos navios americanos eram também rapazes imberbes, cuja inexperiência era explorada impiedosamente pelos senhores da guerra.

Todos estes fatos são característicos do período de transição que estamos vivendo, e que prosseguirá ainda por alguns anos com intensidade cada vez maior.

Porque a Natureza entrará também com o seu contingente, provocando cataclismos e desolações aterrorizantes para que da face da Terra seja expelida esta raça de homens ferozes e rebeldes, instrumentos das forças do mal, incapazes de espiritualização neste ciclo.

Para que possam surgir novos dias mais claros, novos costumes, novas leis, novos homens capazes de viver de acordo com as leis do espírito.

Para que se prove que o Evangelho de Jesus não é um simples código de moral platônica mas, bem ao contrário, uma norma elevada e dinâmica de vida espiritual.

GERAÇÕES A CHEGAR

Para todos estes acontecimentos os Espíritos estão encarnando no ritmo de quase 900 mil por dia.

Milhares deles são os mesmos que tomaram parte nas últimas guerras e conservam no coração o ódio e o espírito de vingança e voltam para colaborar nas violências deste período de transição; outros são Espíritos que estavam no Espaço aguardando novas oportunidades de redenção com testemunhos em épocas difíceis, outros são os que vêm sistematicamente para o aumento normal da população do globo, fenômeno este que ocorre segundo vai o planeta se tornando apto a agasalhar maior número de habitantes, como também encarnam os que evoluíram no Espaço, conquanto Espíritos retardados e voltam para colaborar no sentido da paz; e por último encarnam aqueles que recebem missões de trabalho para a implantação da paz futura, da concórdia, orientando e conduzindo os povos neste transe doloroso e difícil que tão velozmente se avizinha; estes últimos são os soldados e os chefes materiais do exército invencível do Senhor planetário.

Mas os soldados dos exércitos do mal, estarão porventura inativos?

Bem ao contrário: Encarnam também em grande número para se colocarem sob as ordens daqueles chefes tenazes, fanáticos e impiedosos, que das regiões de trevas ainda tentam escravizar o mundo dominando as consciências e pervertendo os homens.

E assim os dois campos se aprestam febrilmente: os chefes da violência e da morte e os da paz e da vida eterna; enquanto os primeiros se infiltram por toda parte avassalando todas as coisas e arregimentando adeptos nas regiões trevosas do oriente, os arautos de Jesus plantam suas tendas nas planícies claras do mundo ocidental pregando o Evangelho, exemplificando a vida cristã e dando os testemunhos que se tornam necessários para a vitória final no tremendo embate.

E esse embate no simbolismo do Apocalipse se dará no vale do Armagedon, na Palestina, onde oriente e ocidente travarão a batalha final. Mas os soldados do exército do mal estarão porventura inativos? Bem pelo contrário: para essa batalha essas forças negativas estão todas se aparelhando. Todos os homens sanguinários, chefes de povos, cientistas, guerreiros, políticos, sacerdotes que no passado atuaram no mundo; todos os Espíritos de sombra que sob suas ordens infatigavelmente operam nos planos invisíveis, do umbral e das trevas; todos os Espíritos elementares escravizados pelos maiorais dessas hostes tenebrosas estão se prestando aguerridos, fanatizados, impiedosos, ansiosos de conquistarem uma vitória completa no planeta, dominando-o definitivamente.

Já em várias épocas quase conseguiram tal coisa servindo-se de elementos invigilantes ou pertencentes às suas próprias fileiras, exercendo domínio sobre países inteiros, se bem que temporariamente.

Assim foi com Tamerlan, Gêngis Khan, Átila; com os chefes guerreiros Aníbal, Alexandre e mais em nossos dias com Napoleão, Guilherme II, Hitler, Mussolini e outros.

Nos dias que correm as sombras estão se condensando no oriente com o domínio do comunismo em quase toda a Ásia, enquanto no ocidente as forças que têm como bandeira os sinais de um cristianismo deturpado, se agitam febrilmente rolando montanhas de ouro para se oporem à própria destruição.

E falam de paz, criam sociedades destinadas a assegurar a paz, abrem e fecham congressos de paz, enquanto apressam a fabricação de máquinas terríveis destinadas à guerra.

❖

E assim, os dois campos se aprestam febrilmente; os chefes das legiões maléficas infiltrando-se e procurando dominar todo o oriente e as hostes ocidentais, ditas cristãs, fortemente amparadas por uma indústria de guerra descomunal.

E esse embate, no simbolismo terrificante do Apocalipse, se dará nas planícies do Armagedon, na Palestina, onde então se travará a batalha final de entrada do milênio.

❖

Por isso caminhamos rapidamente para o expurgo.

Assim como os Espíritos capelinos foram expurgados de seu paraíso celestial no princípio deste planeta, e exilados para aqui como consequência de sua rebeldia às leis inelutáveis do Criador, assim milhares de seres pertencentes a esta nossa humanidade atual serão descartados para mundos inferiores, mais afins com seus próprios sentimentos, para ali continuarem com suas atividades maldosas até que o sofrimento, cada vez mais intenso e profundo, os sature de vez e os faça reconsiderar, prosternando-se perante Deus e solicitando sua misericordiosa interferência.

Mesmo sem sair de nosso sistema planetário vemos que há muitos mundos habitados por Espíritos de diferentes categorias.

Além do sol central — moradia de Espíritos superiores — e dos nove planetas conhecidos, além dos seus respectivos satélites, existem para mais de 300 corpos celestes, possíveis moradas de Espíritos retardados e endurecidos.

E, além das humanidades que vivem na superfície material desses corpos, ainda existem as que habitam suas esferas astrais correspondentes, tudo circunscrito pela astralidade cósmica do próprio sistema que a todos domina e abrange.

Somente a Terra possui uma humanidade composta de 17 bilhões de indivíduos dos quais somente um terço se acha encarnado em sua superfície. Todo o restante está no Espaço, no umbral e nas trevas.

Nesses mundos inferiores para onde se descartam Espíritos endurecidos as condições da vida física são verdadeiramente terríveis

Ao invés de luz e calor há ali somente frio, névoa, escuridão. O alimento é conquistado com sacrifícios imensos e a própria procriação é altamente dolorosa.

A atmosfera psíquica é asfixiante, representando verdadeira tortura moral; os pensamentos perversos emitidos por uns e outros são captados de forma violenta e ferem como punhais; o amor é somente um impulso doloroso do corpo disforme; o ar que se respira é carregado de miasmas pesados e repugnantes; os corpos são monstruosos, nojentos e exalam um odor fétido que tudo penetra e contamina.

Os seres se arrastam pelo chão ou caminham trôpegos, pesadamente chumbados ao solo, porque sobre eles pesam toneladas de força cósmica e vivem em antros imundos, como vermes, amontoados e hostis, numa incessante faina de repulsão e destruição recíprocas.

As cenas de umbral descritas por Dante, na sua Divina Comédia, estão longe de se compararem à vida destes nossos irmãos infelizes nesses mundos tenebrosos.

São os lugares malditos onde Jesus advertiu que haveria choro e ranger de dentes; são as trevas exteriores tão apropriadamente assim por Ele designadas e contra as quais pôs de guarda seus discípulos aconselhando-lhes oração e vigilância.

Para mundos como esses é que haverá, e já está havendo, deportação de milhares de membros desta nossa atual humanidade, desde que, por rebeldia e perversidade, desprezem os ensinamentos misericordiosos de Jesus.

JUÍZO FINAL

Nas Escrituras, na parte do Juízo Final, há profecias referentes ao fim do período de transição e outras referentes ao julgamento propriamente dito.

Umas de realização mais imediata, destinadas unicamente à nação judaica e outras mais gerais destinadas ao mundo todo.

Destas profecias, parte foi feita pelos antigos profetas hebreus, parte pelo próprio Jesus, nas vésperas de sua crucificação, quando dava suas últimas instruções aos discípulos e, finalmente, depois de sua morte, por João, no Apocalipse.

❖

Eis as que se referem à transição:

Daniel disse que o tempo do fim seria assinalado pela ciência que se multiplicaria e por uma angústia generalizada, que cairia sobre os homens como nunca se vira antes. Isto estamos vendo hoje, em parte.

Nos provérbios lê-se isto: "E diz o Senhor: Clamei e vos recusastes. Estendi a minha mão e não deram atenção. Rejeitastes o meu conselho e não ouvistes as minhas repreensões. Por isso virão a vós aperto e angústia. A mim clamarão, mas eu não responderei.

De madrugada me buscarão, mas não me acharão. Porque aborreceram o conhecimento e desprezaram o temor de Deus".[7]

Ezequiel assim se exprime: "Eis que vem o fim, sobre os quatro cantos da Terra. Vem o fim e vem contra ti, oh habitante da Terra. Chegado é o dia da turbação, da destruição. E os homens buscarão a paz mas não há nenhuma. Miséria sobre miséria virá e se levantará rumor sobre rumor".[8]

❖

E clamou Isaías: "Os ímpios são como o mar bravo, que não se pode aquietar e cujas águas lançam de si lama e lodo. Os ímpios diz, o meu Deus, não têm paz".[9]

Habacuque, outro profeta diz: "E Deus vem; e a sua glória cobre os céus, e a Terra se enche do seu louvor. E adiante dele vai a peste e os raios de fogo sob os seus pés".[10]

❖

E relembramos o que disse o próprio Jesus, falando aos discípulos.

Em primeiro lugar ele os põe de guarda contra os falsos profetas e falsos messias que surgiriam no futuro, logrando a muitos e corrompendo o povo. Depois se refere às calamidades que surgiriam, como guerras, pestes, fome, terremotos. E em seguida sobre as perseguições que os discípulos sofreriam e sobre o modo pelo qual deveriam se conduzir.

---

[7] Provérbios 1:24-29

[8] Ezequiel 7:2-4

[9] Isaias 57:20-21

[10] Habacuque 3:3-5

Depois passa a falar sobre o que aconteceria com o povo judeu naquele mesmo período de transição dizendo: quando virdes exércitos inimigos cercando Jerusalém com trincheiras sabei que sua ruína está próxima. Grande miséria invadirá o país. A ira de Deus açoitará o povo, desaparecerão seus moradores, sendo uns passados a fio de espada, outros levados em cativeiro e outros dispersos por muitas partes. E Jerusalém será chorada por todos os povos até o fim do mundo.

E assim como todas as outras, esta profecia também se cumpriu; em março do ano 70 o general Tito Vespaziano arrasou a cidade; enquanto o Templo era consumido pelo fogo, 1.100.000 cadáveres se juntavam aos escombros e 97 mil sobreviventes eram feitos prisioneiros, amarrados e levados cativos para Roma.

E mais tarde, tendo esta nação obstinada aclamado um messias político na pessoa de Bar Cocheba — um dos falsos messias a que Jesus se referira antes — entrou em luta com os romanos, foi definitivamente exterminada, arrasada e seu povo espalhado pelo mundo.

❖

A segunda parte das profecias se refere ao julgamento propriamente dito, antecedido de calamidades e perturbações verdadeiramente apocalípticas, findas as quais os homens perecerão e sinistro silêncio reinará por toda a Terra.

O Eterno Ser então fará ouvir sua voz bradando que os mortos se levantem dos túmulos e nos céus então aparecerá o sinal do Filho do Homem, isto é, a cruz resplandecente. E o Filho do Homem virá sobre as nuvens e logo dará aos seus anjos ordem de convocar toda a humanidade para que se reúna a seus pés.

Empunhando suas trombetas os anjos farão a convocação nos quatro cantos do mundo e irão encaminhando os homens para o recinto onde está instalado o tribunal divino, presidido pelo Cristo.

E este, com o cetro de sua justiça, irá separando os bons dos maus assim como o pastor separa as ovelhas dos cabritos, colocando os primeiros à sua direita e os outros à sua esquerda.

E voltando-se para os primeiros, os bons, lhes dirá: "vinde a mim benditos de meu Pai: tomai posse do reino que está preparado para vós desde a criação do mundo". E para os outros dirá que se apartem dele, que vão para as regiões de fogo eterno destinadas ao diabo e aos seus anjos.

E quanto ao dia e hora que tais coisas aconteceriam Ele advertiu que ninguém sabia, nem mesmo Ele, somente o Pai.

E recomendou aos discípulos: "Portanto, estai sempre preparados. Orai e vigiai porque esse dia chegará tão de improviso como a rede do pescador que cai e surpreende os peixes na água' .

❖

João, o vidente, assim falou sobre este acontecimento:

Quando a obra do assinalamento houver sido concluída na Terra, quando os trabalhos do juízo interrogativo forem terminados no céu, então a porta da graça será fechada. O espírito de Deus se retirará do planeta e os casos de cada um serão decididos no céu por esse juízo. E então se poderá dizer: "quem é injusto, faça injustiça ainda; quem está sujo, suje-se ainda; quem é justo, faça justiça ainda e quem é santo, seja santificado ainda".[11]

E continua: "E outro anjo saiu do Templo clamando com grande voz dizendo: "lança a tua foice e sega. É já vinda a hora de segar porque a seara da terra já está madura. E o anjo meteu a foice, vindimou as uvas da vinha da terra e lançou-as no grande lagar da ira de Deus".[12]

❖

---

[11] Apocalipse 22:11

[12] Apocalipse 14:15-19

E Jesus bem que explicara antes: "O que semeia a boa semente é o Filho do Homem; o campo é o mundo; a boa semente são os filhos do reino e o joio são os filhos do maligno. O inimigo que semeia é o diabo. A ceifa é o fim do mundo e os ceifeiros são os anjos".[13]

❖

Referindo-se a esse juízo disse São Paulo que nele primeiro virão as primícias, os que estão junto do Cristo, depois os que são de Cristo, na sua vinda, e depois então virá o fim. Esta é a primeira ressurreição diz ele e bem-aventurados e santos os que tomarem parte na primeira ressurreição.

Ele quer dizer que o julgamento não será feito num só ato, mas será prolongado no tempo gerações após gerações, mas que no fim todos seremos transformados quando tocar a última trombeta.

Continuando, ele diz que nesse julgamento os justos serão libertados, porém o livramento não será arbitrário mas concedido somente àqueles que houverem se convertido ao Cristo.

Isto concorda plenamente com o que ensina o Espiritismo segundo o qual os que não forem justos serão relegados a mundos inferiores.

❖

Por isso é que desde Isaías já vinha ele recomendando: "Buscai o Senhor enquanto se pode achar; invocai-O enquanto está perto. Deixe o ímpio o seu caminho e o homem maligno os seus pensamentos e se convertam ao Senhor que então se compadecerá dele".[14]

Porque os que forem julgados justos se sentarão com o Cristo

[13] Mateus 13:37-39

[14] Isaias 55:6-7

na sua glória segundo sua própria promessa, quando disse: "Em verdade vos digo que vós, que me seguistes, quando na regeneração, o Filho do Homem se assentar no trono da sua glória, também vos assentareis com ele".

Estas palavras bem demonstram que esse será um tempo de vida melhor, no futuro, quando a Terra se transformar em planeta de regeneração como ensina o Espiritismo.

❖

O julgamento será feito examinando-se o coração de cada um, porque as aparências nada valem. No próprio evangelho de Marcos lá está escrito: do interior do coração do homem saem os maus pensamentos, os adultérios, os homicídios, os furtos, as maldades, a inveja, a blasfêmia a soberba, a loucura. Todos estes males procedem de dentro e contaminam o homem.[15]

Porque nesse dia de julgamento virão à luz as coisas ocultas, diz São Paulo, e Deus manifestará os desígnios dos corações.[16] E ninguém escapará a esse julgamento porque também está escrito: "Disse o Senhor: nesse dia todo joelho se dobrará diante de mim."[17]

E este outro não menos belo: "ainda que esteja no vale da sombra e da morte não temerá nenhum mal porque tu oh Senhor estareis comigo e toda língua confessará a Deus. De maneira que cada um dará conta de si mesmo".

Porém, que não haja temores para aqueles que seguem o Cordeiro, porque ele mesmo disse: Não temais porque nenhum cabelo cairá de vossas cabeças sem que o queira o Pai Celestial. Se fordes constantes no meu amor guardareis intactas vossas almas; se perseverardes até o fim sereis salvos.

---

[15] Marcos 7:21-23

[16] Coríntios 4:5

[17] Romanos 14:11

E todo aquele que crê e serve a Deus com sinceridade deve repetir o sublime canto de esperança do povo eleito: Deus é a nossa fortaleza, nosso refúgio, socorro bem presente na angústia, pelo que nada temeremos, ainda que a terra se mude e ainda que os montes se transportem para o meio dos mares.

❖

Citados assim os textos bíblicos esclarecemos agora que para o Espiritismo entretanto não haverá propriamente um juízo final. Esta ideia existia antigamente quando se imaginava que a Terra era o único orbe habitado.

Havendo como há, milhares de outros, onde inumeráveis humanidades diferentes também vivem e evoluem como nós, é claro que não poderá haver um juízo final; haverá transformações periódicas mais ou menos profundas em cada orbe, segundo as necessidades evolutivas de sua própria humanidade; haverá naturalmente nascimento e morte de corpos celestes, sem que todavia isto represente o fim do mundo, como também haverá mudança de humanidades de um orbe para outro, exílios necessários ao progresso espiritual de todos.

Por isso é que Jesus disse aos discípulos que haveria ainda muita coisa que não poderia ensinar naqueles tempos.

Por outro lado a bondade e a justiça infinitas de Deus não dariam lugar a extinções de humanidades inteiras, não lhes concedendo oportunidades de regeneração.

Para o Espiritismo, repito, há julgamentos de tempos em tempos em todos os orbes; selecionamentos entre evoluídos e retardados, elevações e quedas, ascensões e expurgos para baixo, tudo de acordo com os esforços de cada um.

É natural que, ao fim de etapas importantes, se promovam nas esferas espirituais sublimes comemorações em que os bons serão recebidos galardoados, festejados, e que Jesus presida a essas glorificações de mérito; como também é natural que para esses julgamentos haja trabalhos de investigação e análise.

Porém o Espírito evangelizado traz em si mesmo a marca de sua perfeição, assim como o que se retardou ou o que é perverso traz também no seu perispírito sinais visíveis de sua iniquidade.

Desta forma o julgamento está implícito em cada um de nós, bastando olhar para ver. E as separações são mesmo quase que automáticas porque existe profunda e natural incompatibilidade entre luz e trevas, bem e mal, pureza e corrupção.

Por isso é que Jesus mandou simplesmente: passem para a minha direita ou então passem para a minha esquerda, referindo-se aos bons e aos maus.

A HUMANIDADE DO TERCEIRO MILÊNIO

Seja como for, estamos vivendo um período de transição e nos aproximando de um destes julgamentos periódicos. O Espiritismo tem assim uma grande tarefa a realizar preparando os homens para o advento do ano 2000, início do Terceiro Milênio que será o tempo em que a Terra, suficientemente expurgada e evoluída, será habitada por uma raça de homens melhores.

Essa humanidade renovada habitará um mundo diferente, de aspecto mais agradável, ameno e feliz.

Seus habitantes serão dotados de maravilhosas faculdades psíquicas, mormente a intuição que lhes permitirá mais amplos e diretos conhecimentos do universo e de suas leis.

Terão perispíritos brilhantes e purificados e tendo terminado seus resgates na antiga Terra, seus corpos serão isentos de moléstias orgânicas, seus Espíritos livres de torturas morais como as que aqui nos abatem.

Inteligência viva e sentimentos apurados, esses homens realizarão na Terra a fórmula do paraíso terrestre do qual, ao invés de expulsos, como antigamente, serão agora conquistadores.

Seu culto religioso, unificado e espontâneo será uma pura harmonia de reverência, gratidão e amor acendrado ao Criador e junto deles Jesus, o Divino Mentor permanecerá visível, como pastor feliz entre as ovelhas redimidas. Caídos os véus pesados e grosseiros da carne impura, tudo será visível aos olhos imortais daqueles seres felizes.

Nessa época a Terra terá passado de planeta inferior de expiação e de provas a mundo feliz de regeneração, no qual amplos e ilimitados horizontes se abrirão para os homens que o habitarem.

❖

Será como disse João, o vidente: Vi um novo céu e uma nova Terra e vi a santa cidade, a Nova Jerusalém, que descia do céu, adereçada e ataviada como a esposa que vem para o seu marido.[18]

Porque a cidade do Deus vivo, a cidade celestial, a cidade que tem fundamento na eternidade e da qual Deus é o artífice e construtor, desceu sobre a Terra.

E então todos aqueles que seguirem a Jesus, exemplificando o seu evangelho, viverão nessa cidade perfeita — imagem mística do próprio mundo renovado, porque, como disse Ele: a vontade daquele que Me enviou é esta: todo aquele que vê o Filho e nele crê terá a vida eterna e eu o ressuscitarei no último dia.[19]

---

[18] Apocalipse 21:1-2
[19] João 6:40

Os Dias Finais

Revelações

O mundo renovado do Terceiro Milênio será habitado não somente pelas criaturas achadas dignas de nele permanecerem, mas também por entidades bastante evoluídas de outros planos, que para ele serão conduzidas após as convulsões físicas, sociais e morais do período de transição que atravessais.

Crede que em todo o processo será obedecido o critério de rigorosa justiça, evangelicamente aplicada, tanto no afastamento dos Espíritos não qualificados a permanecerem na Terra, como na imigração de almas alienígenas, que se dará para que influam em seu progresso, decisivamente, dado seu grande adiantamento espiritual.

Nosso principal trabalho será evitar, quanto possível, uma emigração quase que em massa de Espíritos retrógrados de vosso meio para planos inferiores. Neste propósito, contamos com a infinita misericórdia do Pai, que não deseja que nenhum de seus filhos se perca.

O Mestre apresta-se agora a recolher as últimas ovelhas dispersas de seu rebanho, uma vez que quantas forem achadas fora de seu aprisco “serão lançadas nas trevas exteriores, onde haverá choro e ranger de dentes”.

Na realidade, o chamamento do Senhor, nestes últimos tempos, será de tal ordem que muitos mais do que supondes se salvarão.

Vereis agora propagarem-se, segundo a profecia de Joel, citada nos Atos dos Apóstolos, sonhos nítidos e reais, de modo a conduzirem quem os tenha a conclusões definitivas e insofismáveis quanto à realidade do Espírito e sua capacidade de exteriorizar-se do organismo físico.

Possuindo os encarnados o conhecimento dessa possibilidade de exteriorização noturna, seguramente alcançarão o entendimento da realidade da sobrevivência do Espírito, após a morte do corpo material.

Muito trabalharemos nesse setor, mais do que nunca procurando esclarecer e evangelizar os encarnados em seu desdobramento noturno e, quanto possível, levá-los a conservarem a lembrança de seus passos no astral durante o sono.

Este trabalho, e o de divulgação doutrinária entre vós, juntos produzirão excelentes resultados quanto ao objetivo de esclarecimentos do maior número possível.

Podeis também estar seguros de que se darão manifestações bastante conclusivas de efeitos físicos, e fenômenos outros, mediúnicos, de forma tal que unicamente os rebeldes e deliberadamente incrédulos poderão cerrar os olhos à evidência da realidade espiritual. E de forma alguma sereis responsabilizados pela perda destes últimos: trabalhai pelos que de boa vontade aceitem esclarecimento e demonstração conclusiva.

Médiuns adequados a serviço de tal envergadura estão sendo preparados, e oportunamente manifestar-se-ão em número suficiente para tão grandes exigências de serviço e devotamento à causa da divulgação da doutrina espírita, a poderosa força que tanto tem feito e tanto fará pela humanidade.

Confiai irrestritamente no Senhor, que em tudo vos há de fortalecer e amparar, guiando-vos com segurança em vosso grande esforço atual. Ele vos concederá todos os recursos de que necessitais para auxiliardes o Cristo a recolher as ovelhas desgarradas ao seu aprisco, ainda tão vazio, dois mil anos após sua passagem pela terra.

Emmanuel

Preâmbulo

Em prosseguimento e reiteração ao que dissemos em mensagem anterior gravada pela Aliança Espírita Evangélica, sobre os dias apocalípticos deste fim de século, trazemos aqui novos informes e detalhes que visam, entre outras coisas, sobretudo, focalizar a situação do nosso país nos acontecimentos mundiais que em breve tempo estaremos defrontando; a situação do Brasil como Pátria do Evangelho e Terra de Promissão não lhe permite permanecer em posição apagada.

Neste trabalho simplesmente **comentaremos pensamentos e ensinamentos transmitidos por Entidades espirituais de elevada condição**, interessadas em prevenir os homens encarnados sobre a necessidade inegável e vital de meditarem sobre os acontecimentos da vida espiritual, desligando-se o mais que lhes for possível, de compromissos e vinculações efêmeras da vida material.

O Autor

A HORA QUE CHEGA

Muitas vezes, aqui e ali, esses tempos finais foram anunciados com natural emoção e datas foram também marcadas, porém nada demais aconteceu, justamente porque esses anúncios não tinham procedência autorizada, veracidade, e eram extemporâneos; não passavam de interpretações eivadas de fanatismo religioso ou elucubrações alucinadas de adivinhos ou de pseudoprofetas.

Hoje, todavia, na era do Espiritismo, que veio ao mundo para esclarecer e redimir os homens, libertando-os de sujeições dogmáticas e de abusões, as vozes que anunciam o acontecimento são, como dissemos, de entidades respeitáveis, mensageiras do Divino

Mestre, vinculadas à direção espiritual do nosso país, merecedoras de toda credibilidade.

Aliás, a vida de hoje é de trânsito rápido e o intercâmbio mundial eletrônico tão apurado que os próprios acontecimentos reforçam essa veracidade, aos nossos próprios olhos, a todo momento.

De qualquer forma que se o encare, este é assunto de fundamental importância para a humanidade do planeta e deve ser posto em constante e insistente evidência, porque é o nosso próprio destino espiritual que se joga e que nesses dias se define irreversivelmente.

E não devemos temer o juízo de pessoas despreocupadas dele ou céticas, que podem tachá-lo de "cassandrismo".[20] O que importa, acima de tudo, é semear as sementes da verdade, como nos é transmitida do Plano Maior, para que elas vinguem e floresçam nas almas despertadas, ainda em tempo, para que a luz do Evangelho de Jesus esplenda amorosamente para este nosso mundo envolto em sombras.

TEMORES E ESPERANÇAS

Por mais irreverente e desassombrado que seja o homem ante os fatos, conquistas e imprevistos do mundo material, que a experiência catalogou e a ciência aprendeu a dominar, ficará surpreso e perplexo quando perceber que acontecimentos diferentes, inabituais e avassaladores se apresentam, ultrapassando seus decantados poderes e pairando acima das leis conhecidas e controláveis do mundo objetivo.

Na forma pela qual vêm sendo descritos esses acontecimentos a ocorrer brevemente, é de prever que ultrapassem todos os cálculos porque, realmente, o homem se verá impotente ante

[20] O autor refere-se a Cassandra, profetiza desacreditada da mitologia grega..

cataclismos generalizados da Natureza na terra, no céu e nos mares e compreenderá que está mesmo ante forças desconhecidas e incontroláveis que decidirão seu destino, inapelavelmente, sem limites mensuráveis.

Referimo-nos mais diretamente, é bem de ver, aos homens materialistas, para os quais este mundo é uma realidade permanente, inalterável, definitiva e soberana, nada havendo além dela, pois que negam a existência do Espírito imortal e as atividades dos planos espirituais invisíveis.

Semelhantemente, porém, em menor escala, sucederá com os crentes das religiões mundanas, das filosofias vazias de sentido espiritualizante e com a multidão de quantos se acomodam ou se aprazem às exterioridades do mundo material em si mesmo.

Mas, verificando-se que esses acontecimentos não se abaterão sobre a Terra num só dia e de imprevisto, mas sim num razoavelmente largo período de tempo, pois começaram a ocorrer em 1950, terão pontos altos na década de 80 e, daí para diante, até o final, é de se esperar que a própria sequência deles impressione os homens temporariamente, permitindo, duma parte, que se tornem mais acessíveis ao esforço de esclarecimento e à ajuda espiritual oferecida pelos trabalhadores de Jesus e, de outra, que a tarefa caridosa destes, avolumada enormemente nesses dias tormentosos, possa exercer-se com mais proveito, atingindo o maior número possível de necessitados.

VERDADES A CONSIDERAR

Para que possamos nos conduzir com relativa segurança e acerto nos tumultos que virão para o nosso planeta, influindo no destino dos seres humanos, encarnados e desencarnados, devemos levar em conta algumas verdades básicas, como segue:

1) O fato de Jesus ter encarnado esta última vez, na Palestina, com a esperança de poder, pelo amor, redimir a humanidade — o que, a esta altura, já percebemos que não acontecerá, pelo menos nos limites esperados — seu sacrifício não excluía o esforço individual de transformações morais e de aceitação e seguimento de seus ensinamentos redentores.

O batismo de João — o precursor — veio no tempo justo alertar para essas verdades e condicionou a redenção ao arrependimento das faltas passadas e ao compromisso de regeneração moral.

Da mesma forma, hoje, o fato de sermos adeptos de uma doutrina redentora, não nos assegura essa possibilidade se não nos transformarmos e pautarmos nossas vidas por esses ensinamentos.

Essa condição é ainda mais rigorosa para os aprendizes e discípulos, por já terem iniciado seus passos, espontaneamente, nesse caminho glorioso de combate pelo bem do mundo.

2) O fato que às vezes ocorre de nos dedicarmos hoje ao trabalho, mas nos afastarmos amanhã, por negligência ou temor de responsabilidades, isso valerá como uma deserção, uma nota negra, que comprometerá grandemente nosso destino espiritual futuro.

3) Os trabalhadores se credenciarão pela fé e pelo muito que se dedicarem ao bem dos semelhantes, espontaneamente, hoje e sempre, a partir da preparação que iniciam agora; mas esse devotamento não exclui as provações que lhes caberão pelos resíduos cármicos que ainda possuírem nos dias das provações coletivas a virem amanhã.

4) Em todos os casos as provações vão depender, tanto para a coletividade como para os indivíduos, dos débitos ainda em aberto com as leis inexoráveis da Justiça Divina: quanto mais escura e pesada for a aura cármica de cada um, maior carga de provações receberá.

5) Em todos os casos, todavia, a misericórdia de Deus estará presente, como é fácil de prever, na forma de luz, de inspiração

e de coragem mas, sobretudo, de compreensão e de humildade, permitindo aos servos fiéis se apoiarem em poderes mais altos, para permanecerem firmes nas tarefas, dando os testemunhos que forem necessários.

PREPARAÇÃO DOS TRABALHADORES

Na previsão dos acontecimentos anunciados, torna-se urgente que nos preparemos para oferecer nesses dias portas largas e bem abertas nas casas espíritas e no coração dos servidores, ao sofrimento de nossos irmãos encarnados, atingidos pela dor e pelo temor generalizados.

Como colaboração inicial prévia, um recurso julgado pronto e altamente eficiente começou a ser aplicado em 1950, no início desse período profético, com o que se chamou Iniciação Espírita composta, como é do conhecimento de todos, da Escola de Aprendizes do Evangelho e seu complemento lógico, a Fraternidade dos Discípulos de Jesus.

Esse recurso tem provado ser de relevante utilidade e se desenvolve em nosso Estado de forma apreciável, porém ainda restrita.

Nos momentos cruciais desse período final, o que terá maior valor e eficiência não será a palavra esclarecedora da doutrinação, mas o conforto, a consolação, o aconchego de amor e de esperança, recursos estes largamente contidos no Evangelho de Jesus.

Essa será a tarefa dos discípulos que, pela fé e humildade, ante as leis soberanas de Deus e sua proteção misericordiosa, não se deixarão empolgar por temores ou desânimos, permanecendo de pé na testemunhação, esquecidos de si mesmos.

Como enfermeiros do corpo e da alma, sem descanso ante o vulto das necessidades e sem preocupações com os resultados do seu trabalho, que a Deus pertencem, provarão que são dignos de uma vida melhor em comunidade espiritual mais adiantada, como será na Terra regenerada do Terceiro Milênio.

O DESPERTAR

Referindo-se ao nosso país, diz um respeitável Instrutor: "que somente quando o panorama espiritual do planeta atingir os momentos decisivos das provações coletivas a alma brasileira despertará, sacudida pela imperiosidade da própria destinação, caso também não se deixe envolver pelo orgulho, ou inebriar-se pela força e o poder que lhe serão atribuídos.

Mostrando-se digno da gloriosa investidura, será ele, então, o Brasil, o mensageiro da Boa Nova que se extraviou há dois mil anos".

Esclarece que se essa mesma mensagem de amor trazida por Jesus não conseguiu, nesse longo tempo transcorrido, converter os homens, como era de esperar, não será de estranhar que somente provações coletivas cruciais poderão comovê-los agora, engolfados como se encontram nas atrações e comodidades efêmeras do mundo material.

Muitas oportunidades teve o homem terreno para se encaminhar na senda reta e justa, mas mostrou-se sempre fraco e inapto para vencer-se a si mesmo e preferiu os cultos e doutrinações mundanas de exterioridades.

Os homens brasileiros sempre tiveram e continuam a ter ante os olhos provas inúmeras e expressivas do amparo divino e, ao mesmo tempo, da possibilidade de viverem no sentido justo da predestinação; e, mais que quaisquer outros, devem preparar-se para cumprir a tarefa missionária que lhes cabe.

Aproximando-se das casas espíritas bem orientadas e inscrevendo-se nas escolas e cursos de evangelização, terão posto pé firme nesse caminho de realizações dignificantes, semeado de cardos e empecilhos, que não se palmilha sem sacrifícios e renúncias, para alcançar os prados verdes e floridos do Reino Prometido.

MOTIVOS DO DESAMOR

Na humanidade atual prevalece uma larga margem de desamor, como fruto de uma civilização intelectual e utilitária.

Diz um Instrutor que o nosso século está possuído de uma reação extremada contra a conciliação e a assimilação de valores, devido a imposições milenares que têm pesado sobre os homens encarnados, tornando-os descrentes e arredios.

Aliás, uma reação lógica ante as imposições extemporâneas, ultrapassadas, que caracterizam a ação das sociedades afeitas a exterioridades.

Entretanto, também é verdade que se essas instituições, estribadas no desamor, não sofressem desse descrédito geral, dificilmente se poderia acreditar no futuro da humanidade, porque as almas que, pelo desamor, se abstiveram, são reservas humanas recuperáveis, suscetíveis ainda de compreensão, aceitação e encaminhamento espiritual.

Mas aqueles que já encontraram o caminho e sensatamente seguem por ele, nesses dias tormentosos que se aproximam, tornando-se afeitos ao Bem e devotando-se à difusão dos ensinamentos salvadores de Jesus, exercerão o papel de canais espirituais, por onde descerão dos céus as luzes da consolação e da esperança sobre os abismos da morte e da dor.

Não terão eles força para deter os eventos apocalípticos, diz o Instrutor, porque têm seus carmas entrelaçados ao da própria humanidade, mas agirão como elementos de auxílio e de colaboração entre a terra e o céu, como servos e condutores da maioria desnorteada e carente de consolação.

Nesses dias, acrescenta, o magnetismo terrestre, em toda sua força, formará vórtices vertiginosos que absorverão os elementos negativos e todos os seres que, por suas ideias e tendências, sentimentos e atos se colocarem ao seu alcance, enquanto que o Senhor atrairá a Si os que a Ele se imantarem pelos seus sentimentos, sua conduta e aspirações pessoais mas, sobretudo, pela comprovação dos testemunhos que derem nos próprios momentos da ação.

As bênçãos do Senhor estarão por toda parte, mas não atingirão aqueles que se mantiverem ainda voltados para as coisas perecíveis do mundo material e somente a humildade ante as leis de Deus, em plena manifestação e o devotamento aos semelhantes, permitirá que sejam sustentados pela fé, no turbilhão das forças renovadoras.

VALORIZAÇÃO FUTURA DE ESFORÇOS

O esforço que desenvolvemos hoje na difusão dos ensinamentos de Jesus e na exemplificação do seu evangelho, por modesto que seja nos resultados exteriores, será grandemente valorizado nos próximos dias, porque "tão forte será o calor das provações coletivas na Terra que muitos corações se fundirão nas chamas do amor do Divino Cordeiro, a derramar-se sobre as trevas das almas desamparadas".

Nessas horas emocionantes, tudo aquilo que os séculos abafaram nas exterioridades enganosas do mundo material explodirá num apelo desesperado de arrependimento, e a luz de partícula divina exteriorizada subirá na balança do julgamento, julgando-se a si mesma.

Da mesma forma, os benefícios que as Escolas de Aprendizes do Evangelho estão distribuindo o esclarecimentos das almas e seu encaminhamento espiritual para as luzes da redenção serão multiplicados milhares de vezes e só **então a**

seara evangélica mostrará quão grandes serão as colheitas das humildes semeaduras de hoje.

ESPERANÇAS QUE CRESCEM

"A esperança — diz o Instrutor — é uma vibração positiva da alma; nasce de pressentimentos de coisas melhores e de vida melhor a viver no futuro."

Mas, para que exista e permaneça, deve possuir bases íntimas em que se apóie. Vendo-se e sentindo-se o anseio de renovação que pulsa no coração de milhões de irmãos nossos, ela nasce e cresce em nossas almas e assim ganhamos fé no futuro da humanidade da qual fazemos parte.

E vendo hoje como o **Espírito se derrama sobre a carne** por toda parte, através de legiões de médiuns necessitados de encaminhamento e de amparo, verificamos que a promessa do Divino Mestre não falhou e o Consolador vive conosco, e somos nós mesmos (guardadas as distâncias e diferenças) quando, em seu nome, atendemos aos sofrimentos e às angústias de nossos irmãos necessitados.

EXIGÊNCIAS DA INICIAÇÃO

Os ensinamentos de Jesus — diz o Instrutor — representam uma síntese perfeita de sabedoria realizadora, que exige dos aprendizes e discípulos laboriosa iniciação, não só para ser entendida, mas também penetrada e aplicada.

Por muito que façamos, como dirigentes dessas escolas, ao exigir perfeição e compreensão, pouco ainda será ante o vulto da cooperação que seremos chamados a prestar à humanidade ferida e desanimada dos próximos dias.

Duros têm sido os corações dos homens imantados, há séculos, às enganosas atrações do mundo material; mas é de crer que as realidades, então bem evidentes e cruentas, em sua expressão altamente emocionante, infundam nas almas reações construtivas e os corações se abram para as verdades espirituais na força irresistível da consolação evangélica.

Nesses dias, não tenham os servos do Senhor qualquer ilusão, mas mantenham a esperança, porque os homens desvairados e dominados por temores e desânimos mortais, se farão surdos às vozes esclarecedoras, valendo mais que isso o socorro direto, os cuidados pessoais de desviá-los das ondas avassaladoras dos sofrimentos.

"O caos — diz o Instrutor — será soberano no plano material", mas os servos que se sentirem fortes, porque foram preparados para servir, permanecerão de pé, ativos, equilibrados, firmes nos testemunhos exigidos, sobrepairando os abismos da dor, enquanto, na terra e nos céus, cortes de almas rijas e fiéis executarão serviços de enfermagem, indiscriminadamente, socorrendo a todos. Manter-se-ão inflexíveis no seu trabalho, porque conhecem os males que acometem a humanidade nesses instantes e sabem que socorrem transgressões das leis justas e inexoráveis de Deus, nosso Pai e Criador, cujo amor também os cobrirá.

TESTEMUNHANDO A PREDESTINAÇÃO

O Brasil, diz o Instrutor, receberá o eco das provações coletivas e cada habitante recebeu o choque de retorno do seu próprio carma pessoal, cujas provações serão mais fortes ou menos fortes, segundo os débitos de cada um.

Cada um de nós que esteja, pois, preparado para atenuar o que puder das dívidas que porventura tenha com a Lei Divina e melhor será que desde já estejamos alertados e despertos sobre esse futuro e não cegos ou iludidos.

As esperanças do mundo se voltarão nesses dias para o nosso país, como já está em parte acontecendo, e ele se converterá em um grande "sanatório mundial", no qual a terapêutica será a do amor crístico nas suas conhecidas características de consolação, amor e bondade.

O país não será isento de sofrer impactos violentos, da forma como dissemos anteriormente, porém permanecerá incólume na sua estrutura física e na sua capacidade de testemunhar os ensinamentos do Divino Cordeiro, porque nesses dias grande então já será o número de seus filhos despertados para as luzes evangélicas.

"O Brasil será uma reserva psíquica da humanidade", diz o Instrutor, mas, como é natural, grandes renovações se operarão no seu seio, para que essa sua destinação espiritual possa ser cumprida. Daí a importância e a necessidade da preparação de cada um de nós, porque para cumprir essa tarefa ele precisará do testemunho do seu povo.

Enorme será sua responsabilidade em liderar parte da humanidade, numa ocasião como essa, quando, mergulhado no caos, o mundo lhe baterá insistentemente às portas, pedindo socorro.

É indispensável, pois, que as casas espíritas organizem programas evangélicos de preparação e de atendimento amplo e aberto de necessitados, como aliás já o fazem em termos, e sejam estes ampliados o mais que for possível, visando não somente o afluxo de hoje mas as necessidades crescentes de amanhã.

O MENTALISMO

O intelecto, diz o Instrutor, é análise e síntese do plano mental; por isso a grande maioria dos seres humanos ignora que a felicidade do conhecimento apenas desponta nos horizontes do mundo terreno, muito embora possam supor o contrário.

Atrás e além do campo intelectual abrem-se espaços imensos que aguardam a visita dos homens quase cegos, mas que julgam já haver conquistado a sabedoria, quando o certo é que da criação de Deus pouco conhecem do muito que ignoram.

A intelectualidade jamais deverá tê-los afastado do conhecimento verdadeiro, como ocorre quando proscreve seu principal elemento, que é o Espírito imortal.

Aqueles que se dedicam a investigações e práticas da vida mental superior caminham por si mesmos, mas percebem que é necessário manter uma base mental do intelecto para estabelecer o equilíbrio entre esferas de conhecimento e de rumos da evolução, que é sempre harmônica e progressiva.

Mas o Evangelho de Jesus é um precioso recurso de manutenção desse equilíbrio e dessa harmonia.

NA PREPARAÇÃO

Prosseguindo, diz o Instrutor que “mesmo tendo elevada destinação redentora cristã, a missão do Brasil nos próximos acontecimentos será de simples pioneirismo e não de realizações propriamente ditas, porque o encaminhamento dos homens terrenos será feito com suor e lágrimas, até que se concretize a paz e o amor em sentido geral”.

Lutar pela fraternização geral é, pois, a tarefa maior dos trabalhadores do Divino Mestre, porque o Seu Evangelho de paz e de amor não se contém nos limites deste globo, pois que o amor é lei de sentido universal e criativo.

Nesse sentido e como início de colaboração é que foi criada como já dissemos em 1950 a Iniciação Espírita, com a Escola de Aprendizes e a Fraternidade dos Discípulos de Jesus, com base no Evangelho cristão, atualmente em fase de expansão em nosso Estado e conscientização no país.

Mas é necessário que haja uma expansão de maior rapidez e amplitude, porque o tempo é curto e grande a luta a travar contra as forças negativas que combatem contra o Cristo e, como afirma o Instrutor, "só uma força de fé proporcional ao desequilíbrio geral sustentará o trabalhador na sua tarefa de abnegação".

Espíritos missionários, afeitos ao bem, estão encarnando agora em maior número para ajudar nessa luta, e serão também elementos de liderança e de aglutinação de lutadores bem-intencionados e orientados para a vitória do Cristo.

Jesus ensinou que os mansos e pacíficos herdarão a Terra, mas não será por graça: terão de conquistá-la, como já foi dito, com suor e lágrimas, sobretudo nesses dias finais, que aliás já estamos começando a viver com o Espiritismo, nestes esforços gloriosos de revivescência do Cristianismo primitivo.

URGÊNCIA NA PREPARAÇÃO

Todos aqueles que sentirem o impulso interno de colaborar na obra do Senhor devem iniciar sem mais demora sua evangelização nas Escolas de Aprendizes do Evangelho, em trânsito para a Fraternidade dos Discípulos de Jesus.

Fechem os olhos e os ouvidos aos clamores e às atrações passageiras do mundo material e não mais se detenham, até que estejam aptos a iniciar, por si mesmos, sua exemplificação no plano coletivo.

Façamo-nos desde já servos humildes e laboriosos, integrando-nos no esforço de renovação própria e geral, orientados pelo Divino Mestre, para que esta Terra de Promissão seja realmente a futura Canaã das promessas divinas.

Assim colaboraremos desde já com Jesus na batalha dos dias tormentosos da transposição do milênio, conquistando o direito de nos fazermos cidadãos da Nova Terra, da Sexta Raça, no novo mundo renovado.

O ESPIRITISMO RELIGIOSO

O Espiritismo religioso não é uma doutrina de superfície, mas de profundidade; não de acomodação, mas de lutas pelo auto-aperfeiçoamento; não veio para emparelhar-se com outros credos já existentes, que seguem seus próprios caminhos.

É doutrina que não somente prega, mas exige a vivência dos ensinamentos, lutando pela fraternização universal pelo amor, porque esse é o espírito do Evangelho de Jesus e sua finalidade essencial.

"O amor a Deus acima de todas as coisas e ao próximo como a nós mesmos" eis a verdade maior redentora, que cada qual testemunhará com toda a energia de sua fé, toda força do seu sentimento, para poder atingir as portas do Reino Prometido, nos prados verdes dos mundos felizes.

"Mas não vos aflijais, diz o Senhor, porque os frutos da Árvore da Vida são sempre colhidos com suor e lágrimas, até que os brandos e pacíficos, vencendo os abismos da dor e da morte, herdem a Terra como foi prometido."

E que assim seja.

DIFUNDINDO O EVANGELHO

Apresentação

Com este pequeno opúsculo prosseguimos na publicação de obras que enaltecem a difusão do Espiritismo religioso — o de maior interesse, sobretudo nos dias decisivos que estamos vivendo, às vésperas do selecionamento espiritual de fins deste período evolutivo.

Interpretamos aqui para os Aprendizes, de forma sintética, alguns textos evangélicos avulsos de João, Paulo, Mateus e Apocalipse, que servem para aguçar a capacidade de compreensão das coisas eternas, pela meditação.

O contato diário com o Evangelho concorre a se poder manter a comunhão mental com os planos maiores, onde resplendem as luzes que partem do coração do Divino Mestre para as sombras da Terra, onde lutamos para a nossa redenção espiritual.

O Autor

"Amo o Pai e faço como o Pai me mandou."
(João 14:31)

Todas as religiões têm por princípio a aceitação de uma vontade superior, que só será vista como má e perniciosa se assim o considerar o crente em virtude de sua imaginação negativa. Não se pode chegar ao conhecimento do amor divino senão mediante franca e irrestrita aceitação da sábia e perfeita vontade do Senhor à luz do progresso alcançado através da vivência evangélica.

"Não sabes que tenho poder para te crucificar e para te libertar?" (João 19:10)

Declarou Jesus a Pilatos que este não teria poder algum se do alto não lhe fosse dado. É evidente que o poder para o mal não vem do alto. No caso, trata-se apenas de permissão para o exercício do livre-arbítrio. O homem retardado em sua evolução produz o mal por si mesmo. Quanto ao poder para o bem, este se amplia à medida que o discípulo se esforça para crescer em seu íntimo, cuidando amorosamente desse crescimento.

"Pela fé caíram os muros de Jericó." (Hebreus 11:30)

A fé constrói tanto quanto a dúvida destrói. Para que haja fé em nossos corações, impõe-se observar constantemente os preceitos crísticos de oração e vigilância. A fé esclarecida ilumina o intelecto e o sentimento, ao passo que a fé cega e ignorante cobre a ambos de sombras. Pela iniciação espírita, chegam os discípulos a essa fé maior e consciente que os leva ao Mestre, a cujos pés depositam seus corações como oferenda para seus serviços na Terra.

"Justo és tu, ó Senhor." (Apocalipse 16:5)

Absoluta e invariável, por isso que temperada pela misericórdia e pelo amor, é a divina justiça. São os homens habituados a desmandos, prepotências e abusos de força e poder que falseiam essa realidade, porquanto atentam contra a lei e desencadeiam as forças das trevas. Quando, porém, chegarem a uma compreensão mais ampla da verdade, perceberão quanto o Criador é justo e imparcial em Seus juízos e quanto amor procura imprimir em Suas decisões.

"Adora a Deus." (Apocalipse 19:10)

Em vão se curva a humanidade perante ídolos falsos e mentirosos que ela mesma erigiu como seus deuses e senhores. Cedo ou tarde, esses objetos de adoração se voltam contra seus adoradores ou caem de seus altares ante as realidades da verdadeira vida espiritual. Não esperam os idólatras inconstantes que o alvo de seu culto extravagante e condenável cresça entre eles, mas decidam desde já afastar-se desse culto sombrio por amor ao ideal verdadeiro e justo que nos trouxe Jesus, o Enviado do Pai Celeste. Reverente obediência ao Criador e a Jesus dá paz e reconforto.

"Mas o justo viverá da fé." (Hebreus 10:38)

Criatura alguma vive sem fé. Até mesmo nos assuntos vulgares e corriqueiros é preciso haver certa medida de confiança. Até mesmo o criminoso tem fé em sua força, em sua astúcia ou em sua sorte. Muito mais há de ser assim em questões de religião e espiritualidade. O Mestre dizia: "Meu alimento é fazer a vontade daquele que me enviou". Assim, pois, a fé é realmente alimento e bebida que sustenta o corpo e o Espírito em sua jornada de retorno ao Pai, retorno que o Evangelho facilita em todos os sentidos.

"Homens de pouca fé." (Mateus 6:30)

"Se tivésseis fé do tamanho de um grão de mostarda e dissésseis àquele monte arranca-te daí e lança-te ao mar, sem duvidardes em vosso coração, mas crendo, assim aconteceria." São palavras de Jesus, que tinha e tem absoluta e integral fé em Deus e em Suas criaturas. É por isso que, pela fé, sem se aperceberem do bem que espalham por toda a Terra, os cristãos removem as montanhas das imperfeições humanas e lançam-nas ao mar das lágrimas regenerativas onde se dissolvem para todo o sempre. É obra da dor aliada ao amor, pois que ambas abrem o caminho da fé. Podem pois todos escolher o soerguimento pelo amor e pela fé no Evangelho, ou então pela dor, para a qual também no Evangelho acharão conselho, explicação e remédio.

"Chegaram-se a ele seus discípulos em particular."
(Mateus 24:3)

Quando estava Jesus na Terra, Seus discípulos mais chegados se lhe aproximaram em particular, solicitando esclarecimentos mais profundos sobre ensinamentos e parábolas. Mesmo agora Ele permanece na esfera crística e nada impede que O busquemos para rogar auxílio, esclarecimentos e recursos de fé. Vamos pois a Ele confiantes, nas horas difíceis, solicitando amparo e proteção, como também nas horas suaves, ofertando nossa cooperação com Sua obra de edificação no Terceiro Milênio, na Nova Terra. O Mestre nos dará o que for justo e aceitará essa colaboração na medida das nossas fracas forças.

"Senhor, mostra-nos o Pai." (João 14:8)

O Pai não pode ser visto por ninguém, pois no plano divino não penetram os seres impuros. É engano julgar que alguém possa chegar a esse plano. A evolução anímica conduz aos mais altos planos espirituais, a ponto de se poder um dia, que para nós ainda está muito longe, declarar com Jesus que somos unos com o Pai. Permanece o espírito criado no plano da criatura e demora-se o Supremo Espírito Criador intangível e intocável no plano divino.

Penetrar nesse plano literalmente seria entender a Deus, o que nos é vedado enquanto sejamos simplesmente homens.

"Quando disserem que há paz e segurança, então lhes sobrevirá repentina destruição." (I — Tessalonisenses 5:3)

Não podem os homens fiar-se nessa paz e nessa segurança fictícias que eles mesmos criam, pois são sempre enganadoras. Só a paz de Jesus permanece para sempre, pois que não é deste mundo. É dessa paz que necessitamos para atravessarmos confiantemente as lutas e provações deste fim de ciclo que se anuncia pejado de dores e de resgates coletivos. Pela prece e vigilância à luz do Evangelho, ter-se-á garantida essa paz inefável que nada e ninguém pode perturbar.

"Até o presente temos chegado a ser como o refugo deste mundo." (I — Coríntios 4:13)

No caminho de sua evolução espiritual, defronta o homem variadas situações que o levam por vezes a considerar-se um semideus ou, contrariamente, um refugo. São alternativas que se lhe sucedem de contentamento, autosatisfação e euforia bem assim, por outro lado, de tristeza, desânimo e inquietação. É mister passar por todas essas diferenças de situações para se poder de tudo extrair a conclusão acertada, qual seja, a de nossa quase absoluta inferioridade ante Deus e o Divino Redentor. Chegados a essa posição, em que reconhecemos nossa fragilidade, nossa inferioridade e a dependência em que nos encontramos, em tudo e por tudo, da proteção Divina, é que principiamos realmente a jornada de regresso à casa do Pai Celestial, nosso almejado refúgio futuro.

"Não escrevo estas coisas para vos envergonhar."
(I — Coríntios 4:14)

Só por atraso espiritual pode alguém envergonhar-se de certas funções muito naturais de seu organismo. Não só o pudor, mas também a naturalidade são partes do Evangelho. O Mestre referiu-se ao fato de que tudo que entra pela boca desce para o ventre e é lançado fora, reabilitando assim para sempre as necessidades fisiológicas, que jamais devem ser objeto de gracejo e de irreverência, justamente por serem naturais e vividas por todos. O corpo físico é o santuário do Espírito encarnado e merece ser respeitado e purificado.

"Qualquer coisa que lhe peçamos, dele receberemos."
(João 11:22)

Se soubermos pedir, é indubitável que tudo receberemos, desde que seja justo. O Evangelho do Divino Mestre é a chave que nos abre o entendimento para o que é justo e razoável. A prece leviana, porém, não tem valor algum.

"...fazendo sempre com alegria súplicas a todos vós em todas as minhas orações." (Filipenses 1:4)

A oração não deve jamais ser triste. Há de ser sempre ao menos formulada em atitude otimista. Como oramos, assim receberemos. Se não houver fé e emoção, a oração não poderá subir ao Senhor. Mesmo nas horas amargas, deve o discípulo permanecer confiante, pois só assim se livrará das angústias e dúvidas naturais, já esperadas, aliás, no caminho da iniciação espiritual. A fé será um dos seus recursos mais poderosos.

" Quem é de Deus escuta a sua palavra." (João 8:47)

Debalde declaram-se as criaturas filhas de Deus, se não lhe ouvem a palavra nem lhe respeitam as leis. Em vão, pois, assim se intitulam, porquanto não entrarão na posse da herança divina senão quando ouvirem e cumprirem fielmente a palavra trazida à Terra pelos mensageiros do Senhor em todas as épocas, e agora esclarecidas à sociedade pela Terceira Revelação, que veio complementar as anteriores.

" Mas o irmão vai a juízo com o irmão."
(I — Coríntios 6:6)

Altamente estranhável que haja disputas entre irmãos da mesma crença, tanto mais quando elas não se originam de pontos de vista doutrinários divergentes, mas de questões pessoais, de tolas vaidades e melindres. Já Paulo, há dois mil anos o condenava, como vimos acima e, na alvorada do Terceiro Milênio, só podemos estender essa censura, guardando embora respeito ao livre-arbítrio de cada um, aos que se envolvem em questões de somenos ou de personalismos, perturbando até mesmo o desempenho dos trabalhos da Casa do Senhor.

"Todavia, digo-vos a verdade." (João 16:7)

A humanidade habituou-se de tal forma à mentira e à ilusão, ao engano e à falsidade que, descrente, chega a duvidar até do Evangelho. Poucos são os que podem integralmente aceitá-lo, e a maioria, quando o aceita, o faz com restrições, não só à prática e à vivência de seus preceitos, como também ao seu valimento em si, como lei moral.

Cabe à doutrina espírita restaurar o Evangelho em sua pureza original e impõe-se às mentes e aos corações por ele esclarecidos não só aceitar, como ainda propagar o Evangelho assim restaurado.

"Se alguém me ama, guardará minha palavra."
(João 14:23)

O amor meramente sentimental e ocioso pouco aproveita. É necessário o testemunho das boas obras. Amar ao Mestre não é permanecer de joelhos, muitas vezes em pranto, pelos sofrimentos passados, é oferecer-lhe as mãos para o trabalho de hoje. As ofertas serão aceitas se forem sinceras e se o ofertante vencer as dificuldades que se lhe anteporão ao testemunho em sua seara, evangelizando-se, renunciando, servindo e preparando-se. Com as mãos dos encarnados, poderá Jesus atuar mais diretamente sobre a matéria. Com nosso auxílio, operará os sinais e prodígios prometidos para os chamados fins dos tempos, o que não é outra coisa senão o início do abençoado período de transição para o Terceiro Milênio.

"...e todas as igrejas saberão..." (Apocalipse 2:23)

A igreja primitiva de Cristo, a singela Casa do Caminho, sabia das virtudes espirituais. Truncadas, porém, com o tempo, foram as possibilidades de intercâmbio com os instrutores desencarnados, com graves prejuízos para todos. É assim que se foi perdendo a herança espiritual do Cristo, deixada para trás e sepultada de roldão como verdadeiro entulho de noções falsas e dogmáticas, superstições e crendices que não se coadunam com a singeleza e a profundidade moral do Evangelho do Divino Mestre. Eis pois como se foram deturpando, através dos séculos, os ensinamentos do máximo Instrutor Espiritual que já veio à Terra, por um processo que até o presente se observa e que se caracteriza por ignorância, má fé ou negligência ante as interferências das forças tenebrosas.

"Eis que estava uma porta aberta no céu."
(Apocalipse 4:1)

Sempre estiveram abertas as portas de entrada no céu; trancados porém andam sempre, e muito bem trancados, os corações dos homens, pela má vontade, pelo apego aos vícios, desejos e paixões. O Evangelho abre eficazmente todas essas portas, dando livre passagem a quem queira ingressar pela chamada *porta estreita*, ou caminho apertado, único que pode levar ao reino feliz desejado. Mas quem estiver no caminho da perdição, apenas pelo Evangelho achará a saída do terrível labirinto de envolvimentos inferiores de toda sorte, e só por ele encontrará a ampla e real via da redenção, cujo trajeto só é facilitado pela autopurificação e pela reforma íntima, praticadas sem cessar.

"... e que está no céu, na terra, debaixo da terra e no mar, e todas as coisas que nele há, ouvi dizer que está sentado sobre o trono. E ao Cordeiro sejam dadas ações de graça, honra e glória para todo o sempre." (Apocalipse 5:13)

É hábito terreno o das lisonjas maiores e menores, das vaidades de todos os tamanhos, do apego às insignificantes e passageiras gloríolas de toda sorte. Entretanto, onde entram a lisonja e a vaidade não há lugar para a espiritualidade e o espírito do serviço cristão. Nos planos espirituais superiores, toda glória, honra, mérito e ação de graça são para Deus e Seu Cordeiro. Por isso é que os habitantes desses planos são Espíritos gloriosos e iluminados.

"E veio a tua ira e o tempo dos mortos, para que sejam julgados e para destruir os que tentam destruir a terra." (Apocalipse 11:18)

Nunca pôde alguém destruir a Terra, pela qual passaram tiranos e algozes, exércitos e falanges do mal, sem que ela fosse diminuída de um átomo sequer. Tampouco os que se empenham nessa destruição serão por sua vez destruídos, seja na Terra renovada do Terceiro Milênio, seja em planeta ainda inferior a que serão oportunamente conduzidos, pois a todos será facultado prosseguir em seus esforços no campo da *reforma íntima*, condição *sine qua non* de redenção, esforços que se irão acentuando cada vez mais, à medida que o Evangelho do Cristo, auxiliado pela dor e o sofrimento, recursos imprescindíveis nos planos inferiores para o despertamento e progresso espiritual das criaturas, for tocando seus corações.

"E vi outro anjo pelo meio do céu — e tinha o evangelho eterno." (Apocalipse 14:6)

O Evangelho do Mestre se caracteriza pela sua universalidade e atemporalidade. Em todos os planos evolutivos, dos mais atrasados aos mais elevados, é código de conduta perfeita e adequada às necessidades do Espírito encarnado ou não. Evidentemente só nos planos inferiores precisa esse Evangelho ser exaustivamente comentado e ensinado; em outros já evangelizados vive-se naturalmente, espontaneamente, de acordo com suas normas. O aprendiz que se faz discípulo e o discípulo que honra o Divino Mestre, evangelizando-se, antecipa no tempo a vida nesses mundos espirituais.

"Aqui está a paciência dos santos." (Apocalipse 14:12)

Muitos desfalecem na fé, esquecem-se de compromissos espirituais assumidos no espaço, apenas porque tardam a ver os resultados objetivos e práticos de suas aspirações e esforços no cumprimento das tarefas. A paciência imprescindível nesse, como em outros campos, onde a sementeira deve ser processada invariavelmente, sem desfalecimento, sem a esperança de uma colheita pronta e imediata, é impossível quase sempre por força mesmo das circunstâncias em que evoluímos. O próprio Mestre nos aguarda a longo tempo, pacientemente. Seu coração amoroso não desfalece jamais devido ao atraso e demora em irmos até sua presença abençoada.

"E aquele que estava sentado sobre a nuvem lançou a sua foice sobre a terra." (Apocalipse 14:16)

É chegado o tempo da colheita da separação do joio do trigo. Nessa separação funcionará o critério da justiça aliada ao amor. A foice simboliza o golpe certeiro da justiça separando bons e maus, justos e injustos. Coloquemo-nos ao lado do bem e do amor, para que nesses golpes não tenhamos o destino do joio que será lançado fora e possamos ficar junto ao trigo que as mãos generosas do Divino Mestre recolhem ao celeiro celestial.

"E vi descer do céu um anjo que tinha a chave do abismo." (Apocalipse 20:1)

Os planos inferiores, onde pululam a escória espiritual, estão tendo as suas portas abertas de par em par, estão sendo soltos os que nela ficaram retidos, alguns já aptos para participarem da última e desesperada batalha contra o Cristo. Desde já estão derrotados, isso é evidente, mas ainda assim é preciso esforço muito grande do trabalhador no campo da preservação pessoal, e sentimento evangelizado no trabalho dedicado em prol da causa do Divino Mestre. Para esse redobrado esforço convidamos os discípulos, os médiuns, os servidores em geral que possam vislumbrar novos horizontes, luminosos, cheios de esperanças espirituais.

"Já as primeiras coisas são passadas."
(Apocalipse 21:4)

O princípio da evolução espiritual caracteriza-se, como é natural, pelo predomínio do físico sobre o espiritual, das inclinações grosseiras sobre os impulsos elevados, dos vícios e paixões animais sobre as tendências sagradas da elevação para Deus. Aos poucos vai o Espírito se desvencilhando dessa carga inferior burilando a própria alma, moldando-a, disciplinando-se adequadamente. Contribui poderosamente para isso, em todos os planos evolutivos, a interferência benévola, muitas vezes direta e ostensiva, outras vezes discreta e anônima, dos mensageiros dos planos mais altos, sempre atentos à preservação dos seus protegidos e ao seu encaminhamento às hostes de trabalhadores voltados à causa do bem. Lentamente vai passando o Espírito das primeiras coisas, como diz o texto, das coisas materiais, grosseiras, inferiores, passageiras e primitivas, para as últimas, que se encontram na arrancada final do Evangelho e que são o amor, na sua expressão mais alta, a abnegação, no seu mais elevado sentido, o desprendimento como também o desenvolvimento intelectual imprescindível ao equilíbrio e ao erguimento da criatura aos mundos superiores.

"Só os que estão inscritos no livro da vida do Cordeiro."
(Apocalipse 21:27)

O salário do pecado é a morte, escreveu Paulo de Tarso; mas essa chamada morte só dura enquanto existir o chamado pecado; enquanto o Espírito persistir no erro e, deliberadamente, permanecer entregue aos impulsos inferiores e às práticas menos dignas, particularmente no abuso dos próprios recursos espirituais (faculdades psíquicas de maneira geral). Mais cedo ou mais tarde o Espírito desperta para a verdadeira vida, que é exemplificada pelo Mestre e preconizada no seu Evangelho de sabedoria e amor; inscreve-se, então, automaticamente, por direito adquirido através de esforço próprio e da *reforma íntima*, no livro da vida, que está nas mãos do Divino Cordeiro.

"E nas suas testas estará o seu nome."
(Apocalipse 22:4)

Facilmente e muito cedo os sinais das coisas do mundo se gravam nas almas, mas o sinal do Cristo visível a todos, somente se inscreve nas frontes quando já foi gravado fundamente nos corações. O trabalho maior de evangelização é justamente esse: fazer com que o nome do Cristo desça do cérebro (intelecto) para o coração (sentimento); do campo da abstração religiosa filosófica, muitas vezes árida e fria, ao da prática e vivência real da palavra divina.

"Para dar a cada um segundo a sua obra."
(Apocalipse 22:12)

Os homens pouco valorizam as recompensas celestiais; empenham-se em alcançar unicamente as materiais. Nesse empenho, que é generalizado, perdem preciosas oportunidades de elevação. De qualquer forma colhe a criatura o que semeou, colheita agradável, auspiciosa, se a semeadura for semelhante àquela da parábola do Mestre; amarga e triste, porém, se o Espírito perseverar deliberadamente no caminho do mal. O Divino Mestre prossegue no seu esforço redentor, agora mais do que nunca intensificado e até mesmo visível aos olhos daqueles que têm olhos de ver. As obras de cada um de nós assumem especial relevo nesta oportunidade difícil que a humanidade atravessa — o momento do chamado juízo final — cada um recebendo de acordo com o que tenha feito em pleno livre-arbítrio e não haverá possibilidade de se alegar inconsciência, pois os mensageiros espirituais estão por toda parte alertando, prevenindo e usando de todos os recursos possíveis e imagináveis para o despertamento de todos. Nesta hora deve-se elevar ao Criador uma rogativa sincera, para que a maioria dos homens possa colocar-se ao lado das forças do bem e do amor e que, mesmo trabalhadores de última hora, possam receber das mãos de Jesus o seu beneplácito de permanência na nova Terra, pois que conquistas maiores, no campo da espiritualidade e da caridade legítima, já se esboçam claramente em muitos corações.

"Deus enviou o seu anjo para mostrar aos seus servos coisas que brevemente devem acontecer." (Apocalipsc 1:1)

De há muito nos anunciam os instrutores espirituais a aproximação do chamado fim dos tempos. Agora que o momento de uma renovação geral se aproxima a largos passos, é necessário esforço mais intenso, mais consciente e acentuado em todos os sentidos, por parte daqueles que já se colocam sob a bandeira do Divino Condutor. O número de médiuns em desenvolvimento vem aumentando incrivelmente, numa proporção cada vez maior. Chegará em breve a hora em que ninguém poderá alegar ignorância às verdades espirituais, pela clareza com que as bênçãos do Alto vêm bafejando a Terra, notadamente a Pátria do Evangelho que, sob a égide do Cristo e de Ismael, tem um glorioso destino que começa a cumprir-se. Jesus antecipou-se em anunciar os detalhes do que vai transcorrer na hora da transição já em pleno curso. Só resta aos seus trabalhadores encarnados e desencarnados interpretarem os símbolos e alegorias da revelação apocalíptica, para terem nela um guia seguro que os conduza a um estágio de espiritualidade que lhes garanta a permanência na Terra que já, então, não comportará mais os maus e os que se integram livremente às paixões inferiores. Esse esforço interpretativo se vem fazendo em escala cada vez maior e esperamos que culmine com o esclarecimento total em todos os pontos até hoje ainda obscuros, por falta de condições nossas; mas a melhor interpretação que se pode dar aos textos evangélicos é viver os ensinamentos, em espírito e verdade, conforme Jesus recomendou.

"...com a qual se prostituíram." (Apocalipse 17:2)

Não só em sentido literal deve ser entendida a advertência. Existem formas de prostituição espiritual e moral que talvez sejam ainda mais desastrosas e tenham consequências para o Espírito, mais funestas, que para o corpo simplesmente. O Evangelho é o grande esclarecedor, o Paracleto prometido pelo Cristo. Indubitavelmente é capaz de levar a criatura humana a fugir de todas as possibilidades de quedas e desastres dessa sorte, desde que porém, seja bem interpretado, exemplificado na sua vida comum de todos os dias. Os homens em geral vivem suas vidas dia por dia, hora por hora e vão tecendo, mesmo sem o saberem, o seu futuro, o sofrimento e as dores, resgatando suas dívidas do passado. Muito poucos se conscientizam disso pois que a maioria é inconsciente das verdades da vida espiritual. O aprendiz já tocado pelo anseio da espiritualidade, tece dia por dia, hora por hora, com amor e esperança, sua própria trajetória que fica, entretanto, dependendo do quanto conseguiu realizar no campo da reforma íntima. Aliando, porém, esforço e sinceridade, construirá para si mesmo, preciosa e benigna cobertura espiritual que o protegerá de novas quedas e fracassos.

HORA DO APOCALIPSE

PREÂMBULO

Comunicações recebidas psicograficamente por uma "Discípula de Jesus" que deseja designar-se simplesmente SERVIDORA.

Para todos que aspiramos progresso em nossa evolução espiritual, as maiores preocupações do momento devem ser os acontecimentos ligados ao próximo selecionamento espiritual da humanidade da Terra.

Esse selecionamento é cósmico e se dá em períodos aproximados de dois mil anos. O período atual, prestes a completar-se, teve início com o nascimento de Jesus, na Palestina; penetrou em seu estágio terminal em 1950; estendeu-se daí, rapidamente, até nossos dias atuais e prossegue em seu inevitável desdobramento até 1984, seu primeiro ponto crítico, devendo atingir, na década seguinte dos anos 90, seu clímax, com aspectos mais dramáticos, até transpor o milênio, já no ano 2000 e um pouco além,[21] ao mesmo tempo em que, no calendário cósmico, chega a termo o signo de Peixes, designado "cristão" e entra-se no de Aquário.

❖

O selecionamento de habitantes de orbes é habitual em nosso sistema planetário e, em geral, consiste na separação de Espíritos pelos seus valores qualitativos, expressos neles mesmos, pela luz que revelarem, processo esse que o Evangelho de Jesus e, mais

[21] Cento e sessenta anos

particularmente o Apocalipse de João, simbolicamente descrevem como "julgamento" e separação de bons e de maus, os primeiros passando para a direita do Cristo, para que prossigam habitando a Terra renovada e os últimos, para Sua esquerda, destinados a descartes para mundos mais concordantes com suas condições de retardamento espiritual.

Sobre esse impressionante acontecimento, Espíritos conhecidos, de respeitável hierarquia, ligados à evolução do planeta e, especialmente, do nosso país, oferecem neste pequeno livro preciosas interpretações que coordenamos na mesma ordem em que se encontram no Apocalipse, para melhor apreciação e entendimento.

❖

Em várias épocas, a partir de Jesus, o chamado "Fim dos Tempos" foi anunciado com alvoroço e emoção, supondo-se que o mundo acabaria e fenômenos físicos, como cometas e eclipses, erupções vulcânicas, terremotos e maremotos, pareciam confirmar as suposições. Mas o tempo, passando, desmentiam-nas e a vida retomava seu ritmo normal, pois que não passavam de fenômenos naturais que a ignorância generalizada do povo inculto dramatizava por ameaças divinas.

Mas os anúncios de agora merecem maior ponderação pelas credenciais dos seus autores, que falam com uniformidade, demonstrando integração em conjuntos direcionais responsáveis; e também porque os acontecimentos que já ocorrem na Terra, envolvendo sua humanidade, confirmam de certa forma a natureza e os prazos profetizados para sua ocorrência; e ainda por que os grandes acontecimentos históricos que ocorrem em fins de períodos cíclicos, são sempre precedidos de revelações e fenômenos insólitos, que afetam mais ou menos fundamentalmente a vida humana e a da própria natureza.

E no alinhamento destas razões pode-se também acrescentar um argumento importante, que é o fato da própria ciência materialista estar, em nossos dias, revelando e confirmando a ocorrência futura desses fenômenos e até mesmo a data em que se darão.

Não há, pois, razões aceitáveis para se pôr em dúvida ou negligenciar sobre o que aqui está afirmado em mensagens claras e positivas; e prudente e sábio será aquele que se preparar espiritualmente para suportar os acontecimentos com compreensão e humildade.

❖

Lendo estas mensagens é fácil também verificar que se justificam as apreensões dos Planos Maiores sobre a situação do mundo, porque a onda de negatividade que o avassala e a desordenada expansão materialista em muitos casos servem de instrumento de ação para as forças destrutivas, simbolizadas no Apocalipse pela Besta, o Dragão e o Falso Profeta, que se articulam para aniquilar a ordem social e sua estabilidade e todo o conjunto de civilização levantado pelo homem, promovendo a disseminação dos vícios mais nefastos, o desenfreio de paixões animais sintonizadas no sexualismo, as diferentes formas de corrupção moral e física e a substituição de crenças religiosas pelo niilismo ateu e ideologias enganosas, impiedosas, que pregam a separação e o ódio entre os homens.

O cumprimento das profecias é o ponto central das citações, interpretações e argumentação dos devotados Espíritos que subscrevem estas mensagens.

Devemos, pois, recebê-las com respeito, lê-las atentamente para penetrar no seu mais profundo sentido, sem preconceitos ou reservas, considerando que, por serem sintéticas, como é natural que o sejam, não podem revelar de pronto seu verdadeiro conteúdo espiritual.

Essa leitura aprimorará conhecimentos espirituais e mostrará, de forma clara e convincente, a necessidade de nos devotarmos com mais empenho ao esforço de reforma íntima, inscrevendo-nos nas Escolas de Aprendizes do Evangelho, para melhorarmos nossas condições espirituais, único meio de podermos enfrentar serena e confiadamente, o próximo "julgamento" apocalíptico.

São Paulo, 1978.

Edgard Armond

A Voz dos Mentores

CENTO POR UM

A sementeira evangélica foi regada com as lágrimas e o sangue de Cristo e de seus seguidores. Agora vem sendo não só regada, como fortalecida e vivificada pelo suor espiritual de médiuns e servidores, na Seara de Cristo, de forma cada vez mais acentuada, mais ampla e mais profunda.

Se, ao tempo de Jesus, pôde Ele prometer cento por um, já agora, com o acréscimo infinito da infinita misericórdia de Deus, podemos garantir que a colheita será de mil por um.

Ao tempo do Divino Mestre a promessa foi ainda de salário igual para todos, últimos e primeiros. Mas, agora, os trabalhadores da undécima hora terão de dar testemunho maior: será apenas de uma hora, mas que hora!; tormentosa e sombria por um lado, ainda que pacífica e luminosa por outro.

Aos trabalhadores da hora derradeira prometemos, em nome de Jesus Cristo: salário espiritual infinitamente multiplicado e a redenção pela qual anseiam seus Espíritos.

Bezerra

"*... para mostrar aos seus servos as coisas que brevemente devem acontecer.*" (Apocalipse 1:1)

Há dois mil anos, aproximadamente, já dizia a Revelação que brevemente deveriam ocorrer grandes acontecimentos. Já agora estão ocorrendo, e logo sucederão sinais espantosos, como os chamam as Escrituras.

Há, porém, espantos e espantos: maravilha-se um da divina bondade, enquanto outro, enganado pela própria inferioridade, sente-se oprimido pela vida; curva-se um, reverente, ante o Criador onipotente e onipresente, enquanto outro, desavisado, atribui ao nada e ao acaso, ambos inexistentes, a criação do Universo; agradece um ao Divino Mestre o Seu sacrifício e empenha-se, de corpo e alma, para que ele não tenha sido em vão, enquanto o infeliz ignorante de tudo escarnece e nada quer saber ou compreender. E ainda mesmo antes dos sinais espantosos no céu e na terra, há e haverá quem neles veja a mão de Deus e de Cristo a agirem em nome do infinito bem, enquanto outros só verão o mal e a perturbação.

Permita o Senhor sejamos dos primeiros, ainda que sinais e acontecimentos nos venham a ferir fundo, pois o Mestre prossegue também como médico dos corpos e das almas.

Gandhi

"*E todo o olho o verá, até os mesmos que o transpassaram.*" (Apocalipse 1:7)

A visão de Cristo foi sempre o último prêmio, o coroamento de acurados trabalhos e acentuada dedicação e amor a Ele.

Hoje desce Cristo à Terra. Na mais dificultosa e sombria hora que já viveu o mundo, Ele, generoso e bom, se posta à frente de seu exército de paz, como general digno de seu posto, vem se colocar nas linhas de frente, não materialmente, mas em Espírito, o que é muito, é demais, como bênção de encorajamento para seus fiéis seguidores.

E tão bom é Ele, que antecipa o prêmio ao trabalho.

Que o seu coração não seja desapontado por ninguém, e para ninguém, agraciado com a Sua visão sacrossanta, por um instante que seja, haverá a menor desculpa se vier a falhar.

Gandhi

"*Eu conheço as tuas obras e a tua paciência.*"
(Apocalipse 2:2)

Conhece-nos o Cristo um a um; em seu amorável coração, em sua vastíssima e inconcebível mente cabemos todos, toda a imensa multidão de Espíritos agregados ao planeta, encarnados ou não. Ele conhece os que deste mundo já partiram para outros orbes mais felizes, e Suas preces os acompanham. Conhece os desterrados para mundos inferiores, por absoluta incompatibilidade com a Terra, num atendimento a apelos brutais de ordem inferior tão violentos, que levam o Espírito animalizado a fugir da luz do Divino Mestre para retornar às sombras do princípio, se não numa impossível regressão evolutiva, pelo menos no gesto indolente de quem retorna ao leito para de novo dormir quando já o sol vai alto. Por estes, ora e vibra intensamente.

Conhece Cristo, obras e paciência de todos, e também omissões e rebeldias.

O que constará, em maior número, em nossas fichas espirituais? Será com alegria ou com tristeza que o Mestre as compulsa agora, uma a uma? Dizendo, a si mesmo, feliz: com este posso contar nesta hora. Ou, com o coração apertado, porém confiante no futuro, sentenciando: estas vão para a lista dos Exilados da Terra.

Bezerra

"*Isso diz o que foi morto, e reviveu.*" *(Apocalipse 2:8)*

Todos os mortos revivem. Renascem em novidade de Espírito.

Abandonado o corpo físico imprestável, ressurge o Espírito em sua glória ou vileza, em sua luz ou sombra, em sua virtude ou viciação, em sua evangelização ou maldade. Todas as suas características se acentuam: se era bom, será ainda melhor; se era mau, em desespero de causa se torna ainda pior.

Mas todo o mal é transitório, o bem vence em toda linha: os maus e os sombrios, os viciosos e os descrentes despertarão para a bondade e a luz, a virtude e a fé.

Cristo ressuscitou para a plenitude da vida espiritual, porque era todo voltado para as coisas do espírito; nós outros, por ora, revivemos sucessivamente em situações lastimáveis, desencarnando e reencarnando com pequenos progressos.

Mas todos, um dia, chegaremos à condição melhor de quem, encarnado ou desencarnado, é sempre Espírito puro agindo em nome do espírito puríssimo de Deus e de Jesus.

Emmanuel

"*E tereis uma tribulação de dez dias.*" (Apocalipse 2:10)

Como tribulação de dez dias, se só para a alvorada do Terceiro Milênio faltam quase trinta anos?

Porque Cristo não permite que pelo seu Evangelho sofra alguém tribulação verdadeiramente dolorosa, por mais de um curto período.

O testemunho árduo da prática evangélica dura não uma vida, mas muitas vidas; é através do sacrifício e da luta que se cristifica o Espírito. Mas tribulação particularmente torturante, por mais severos que sejam os testemunhos exigidos do trabalhador de Cristo, graças à Sua infinita misericórdia, não dura mais que um instante. Ainda aqui temos o símbolo precioso e perfeito da vida do Mestre: trinta anos de recolhimento e preparo espiritual, três anos de apostolado, três dias de prisão, três horas na cruz.

A tribulação dos trabalhadores de Jesus será sempre bendita, pois é em companhia d'Ele mesmo que as atravessamos.

Simão

"*Bem-aventurados os que choram...*" (Mateus 5:4)

A época é de aflição. Afligidos serão todos: os bons, por serem bons; os maus, por serem inferiores, materializados e grosseiros, correndo o mundo com ilusões e os redimidos, por serem espiritualizados.

Haverá aflições para todos, como cruzes houve no Calvário para três exemplos primordiais de grau evolutivo: um culpado endurecido, um culpado arrependido, um inocente puríssimo.

Bem-aventurado será o sofrimento dos bons e dos espiritualizados: durará um instante, o instante da prova e do testemunho corajoso e digno. Mal-aventurado e longamente o sofrimento do mau, ao experimentar fragorosa derrota ante os exércitos do Cordeiro: sua expiação durará sabe Deus quanto! E onde!

Bezerra

"*E acontecerá nos últimos dias que derramarei do meu espírito sobre toda a carne.*" (Atos 2:17)

Os mensageiros de Cristo, entre os quais nos arrolamos em hora mil vezes bendita e santa, descem à Terra trazendo a palavra esclarecedora e esclarecida do Evangelho redivivo e restaurado.

Disse o Mestre: "aquele que violar um destes mandamentos e assim ensinar aos homens, será chamado o menor no reino dos céus". (Mateus 5:19)

Por longos séculos os homens deturparam os ensinamentos do Mestre. E não contentes em deturpá-los para uso próprio, assim ainda os transmitem aos seus seguidores.

Já não será assim: milhares de médiuns vão despertando; em cada lar haverá um, a época do engano vil e interesseiro vai-se extinguindo. As próprias pedras clamam, pois tudo na natureza tem vida e palpita; na Criação Divina também trazem sentimento embrionário as mônadas mais primitivas em estágio evolutivo nos minerais.

Se as pedras, vulgarmente consideradas insensíveis clamam, o que não farão os corações humanos?

Gandhi

"*E dei-lhe tempo para que se arrependesse.*"
(Apocalipse 2:21)

A humanidade consome-se muitas vezes em remorsos estéreis e improfícuos, sem atentar para a finalidade sagrada do arrependimento.

É ainda tempo para o arrependimento retificador e santo.

Despertem todos e se ergam para o Cristo, enquanto Ele os bafeja com a sua luz.

Bezerra

"*E não saberás a que hora sobre ti virei.*"
(Apocalipsc 3:3)

Pois se estão os mensageiros de Cristo e o próprio Cristo a nos advertirem há dois mil anos da vinda do fim e da grande batalha, como não saber e não estar prevenido? Por que é este aviso, como tantos outros, das Escrituras: sabido, conhecido, repetido e comentado, mas não-sentido, não-aplicado, não-vivido?

Até mesmo ante os mais claros sinais de fim dos tempos, de preparo do Terceiro Milênio e de batalha, não diremos em preparo, mas já se travando, há quem coma, beba e folgue.

Ai desses! E muitas vezes ai dos que, vendo e ouvindo, não enxergam nem percebem!

Simão

"*Se não vigiares, virei sobre ti como um ladrão, e não saberás a que hora sobre ti virei.*" (Apocalipse 3:3)

Também no Evangelho falou o Mestre sobre a necessidade da vigilância: "Se soubesse o pai de família a que hora viria o ladrão, vigiaria e não deixaria minar a sua casa".

Não se sabe quando, nem quem virá, se não se vigia muito, se não se ora muito.

Virá o temível assaltante, o lobo que agora mais feroz do que nunca ronda o rebanho, ansioso por abocanhar as ovelhas invigilantes? Se tal ocorrer, a culpa não será do Pastor, que tanto recomendou, que tanto recomenda ainda.

Ou virá o Cristo de Deus?

Simão

"*Não ficará pedra sobre pedra.*" (Mateus 24:2)

Ninguém poderá derrubar a construção bendita. É sagrada. As próprias pedras clamariam e chorariam.

Bom é o Mestre, santo é Deus; preservada será a casa que bondosamente dizem ser minha, mas que é do Senhor, é de Sua humanidade sofredora.

Fosse apenas de Jesus, Ele aceitaria vê-la desfazer-se em pó. Mas é de Deus, e o Mestre disse: "o zelo de Tua casa me devorará".

Confiemos.

Bezerra

"*Como guardaste a palavra, também eu te guardarei na hora da tentação, que há de vir sobre todo o mundo.*" (Apocalipse 3:10)

Em todas as épocas foram preservados pelo Senhor aqueles que a si mesmo procuravam preservar, pois àquele que tem, mais é dado.

Na época difícil que atravessamos é preciso um acréscimo de vigilância e de oração. Qualquer esmorecimento pode ser fatal. As tentações se multiplicam, e encontram eco no íntimo de quem ainda não alcançou plena segurança espiritual.

Que se guarde a palavra evangélica no mais íntimo de cada coração, e seguramente o Mestre cumprirá sua promessa de socorro eficaz e salvador no momento dos testemunhos mais árduos.

Emmanuel

"*Sê pois zeloso.*" (Apocalipse 3:19)

O zelo da Tua casa me devorará, disse Jesus no Evangelho. Já na revelação apocalíptica estende a todos o dever e a obrigação desse zelo santo.

Não mais o Mestre se há de consumir só, ou quase só; se tem Ele sempre legiões de fiéis colaboradores no espaço, na terra poucos, muito poucos, lhe atenderam adequadamente as inspirações.

O zelo pela tarefa espírita-cristã cresce a cada instante. É a grande e gloriosa oportunidade que não se repetirá tão cedo; já as virgens prudentes têm suas lâmpadas acesas; as imprudentes, adormecidas, estão a ponto de despertar. O óleo sagrado não há de faltar em lâmpada alguma.

Acenda-se pequena centelha de amor e entendimento cristão nos corações, e essa centelha acenderá a lâmpada em fulgor santo e inextinguível.

Gandhi

"*Eu repreendo a todos quantos amo.*" (Apocalipse 3:19)

Aumenta a severidade dos orientadores espirituais; é como ao declarar de uma guerra: na véspera da batalha suspendem-se as licenças, convocam-se todos, exige-se vigilância redobrada.

Estamos em vésperas da Grande Batalha. Ela vai se travar em duas linhas de frente: uma, o terreno espiritual e físico do mundo; outra, o campo íntimo de todas as criaturas. Cremos bem que a mais árdua será esta última, não a primeira.

Já não é o Cristo, meigo Rabi, que está à frente de seus tutelados; é o Senhor dos Exércitos, representado pelo Cavaleiro de cuja boca sai a espada de dois fios. Na hora de amar e ensinar a amar, aparece Cristo como ovelha, manso e meigo, pregando e exemplificando o Evangelho; já no momento da Grande Batalha ei-lo que surge como guerreiro e vencedor.

A Ele, glória e poder.

Gandhi

A VITÓRIA DA LUZ

A grande alvorada espiritual já se esboça. Tão generoso é o Criador, que nas sombras do crepúsculo há claridades; no agigantar-se do mal existe o bem em fermentação; nas paixões e vícios, se vai processando a elaboração de virtudes.

Nada temam os trabalhadores de Jesus: o Cavaleiro de Branco saiu vencendo e para vencer. Seus seguidores, ainda que pareçam, por um momento, perder-se no campo das terríveis lutas interiores, se perseverarem até o fim, compartilharão da vitória da Luz contra as trevas.

Emmanuel

"*Santo, santo, santo, é o Senhor Deus, o todo poderoso, que era, e que é, e que há de vir.*" (Apocalipse 4:8)

A santidade do Criador ultrapassa a todo entendimento. É com imensa reverência que ante Ele nos inclinamos. E toda a humanidade se curvará ante a Sua majestade infinita e compassiva.

Toda boca blasfema será exilada da terra; toda a mente escura, todo o coração perverso. Só ficarão os bons e os bem-intencionados.

Nossa prece ao Pai das Luzes, àquele que é Santo desde o princípio, sem princípio, é para que o maior número se salve e poucos, muito poucos, sejam Exilados da Terra.

Bezerra

"*E lançavam as suas coroas diante do trono.*"
(Apocalipse 4:10)

Ostentam os reis da Terra, com inexcedível orgulho, suas coroas e cetros, mantos e condecorações. Poucas, pouquíssimas são as exceções. Por isso rolam púrpuras e tronos para o pó e, frequentemente, retornam seus antigos detentores à Terra, na forma humana de párias sociais.

Também as conquistas espirituais envolvem o risco terrível da vaidade. Poucos lembram a advertência de João Batista: "Não presumais de vós mesmos". E a mediunidade vaidosa é passaporte para a humilhação e a loucura, quando não para o exílio da Terra.

Depositemos aos pés de Deus e do Mestre nossas conquistas e talentos, materiais e espirituais, e mais nos há de vir pelo acréscimo de sua infinita bondade.

Emmanuel

MORTOS VIVOS

Soa a trombeta do juízo final.

Acreditava-se que faria reerguerem-se cadáveres decompostos e refazerem-se corpos desfeitos em pó.

Esclarece a Terceira Revelação: faz que se voltem a manifestar, em número maior e com indiscutível clareza, os Espíritos que a ciência, até ontem, considerava inexistentes; faz reerguerem-se os mortos — encarnados ou não — da indiferença e do comodismo para atividades sacrossantas junto ao Cristo de Deus.

Deixai aos mortos o enterrar os seus mortos: venham os vivos renovados em espírito para junto de Cristo, para mais perto de Deus.

Cairbar

"*Um livro escrito por dentro e por fora.*"
(Apocalipse 5:1)

O que está escrito por fora, conhecem-nos os homens. Há dois mil anos, quase, foi revelado e espalhado pela Terra.

O que está escrito por dentro, o sentido mais profundo, a mensagem selada de Deus à humanidade, esta, a sua Bondade, nos permite agora conhecer e divulgar.

As interpretações do Apocalipse foram sempre feitas com sinceridade e na intenção de servir e esclarecer. São quase todas justas e respeitáveis.

A que vos trazemos é simples, como simples era a palavra do Mestre. Não deciframos símbolos difíceis, não usamos linguagem cabalística, não complicamos no afã de explicar; simplesmente esclarecemos o que talvez estivesse velado aos olhos humanos, que às vezes enxergam mistérios e complexidades até na luz e na simplicidade santa do Evangelho.

Bem disse Jesus: "ocultaste aos sábios e revelaste aos pequeninos." (Mateus 11:25).

Bezerra

"*Quem é digno de abrir o livro e de desatar os seus selos*?" (Apocalipse 5:2)

Só o Divino Cordeiro foi achado digno de ler o Livro. Mas é como se todos tivessem a mesma dignidade e elevação: o Mestre o lê, e o que lê transmite aos Seus discípulos.

Não poderá ninguém alegar que lhe faltou grandeza espiritual suficiente para comparecer aos mais altos planos e se informar sobre o Livro e seu conteúdo: as mãos benditas de Jesus espalham suas páginas sacrossantas por toda a Terra. E já se rompem os seus selos, os seus símbolos vão sendo interpretados um a um.

Digno foi e é o Cordeiro de abrir e interpretar o Livro sagrado; e sua infinita generosidade se apressa em trazer à humanidade a Sua palavra santa e esclarecedora.

Louvado seja o Mestre por toda a eternidade.

Gandhi

"*Salvas de ouro cheias de incenso, que são as orações dos santos.*" (Apocalipse 5:8)

Não apenas os santos proferem orações que, como incenso em vaso de ouro, são depositadas aos pés da Divindade; qualquer que ore em espírito de humildade e fé, gratidão e interesse em servir, ora bem. A prece pura, por mais breve que seja, parte do coração e é levada a Deus. E de Deus retorna, acrescida de infinitas bênçãos, para aquele que a proferiu.

Soubessem os homens o valor da prece, mais orariam. Soubessem a que grau de perfeição pode conduzi-los a oração, e o mundo se transformaria pelo Evangelho para o Evangelho, e santificados seríamos todos.

Oremos e vigiemos: a oração eleva o Espírito, a vigilância o preserva.

Bezerra

"*E eles reinarão sobre a terra.*" (Apocalipse 5:10)

Quando os mansos herdarem a terra, cumprindo-se a promessa de Jesus, já não haverá lugar para os maus e os que, de qualquer forma, entravam o progresso espiritual da humanidade. Por absoluta incompatibilidade com a vibração evangélica dos bons e dos libertos, irão os maus automaticamente para as trevas exteriores. Delas retornarão um dia para a luz do Mestre, que não quer que ninguém se perca.

Até lá, o mundo terá alcançado tal progresso que mesmo um retorno um tanto antecipado, por acréscimo de misericórdia, de algum Espírito ainda não-integralmente evangelizado, longe de causar qualquer perturbação, será estímulo sagrado para os demais, no sentido do amparo fraternal.

Reinarão os bons de forma absoluta e total, sob a égide do Divino Mestre e de seus prepostos.

Bem-aventurados os que forem achados dignos de permanecer na Terra. E que as bênçãos do Criador e de Jesus amparem os Exilados da Terra para que, em breve, retornem à Casa abençoada, que a Divina Misericórdia lhes concedeu habitarem no universo. E se escolherem permanecer no Novo Lar, a que serão conduzidos para aprendizado bendito, que as bênçãos de Deus lhes possibilitem, nessa nova seara, um trabalho profícuo no campo da evangelização coletiva.

Cairbar

"*E ouvi a toda a criatura dizer: ao que está assentado sobre o trono e ao Cordeiro sejam dadas ações de graça, e honra, e glória e poder para todo o sempre.*" (Apocalipse 5:13)

Toda a criatura louvará a Cristo e a Deus. Toda a Terra se inclinará ante Eles. Toda a vontade humana será pautada pela Divina, todo o entendimento guiado pelo de Cristo, todo o sentimento moldado pelo Evangelho.

A Terra se vai renovando. Os frutos dessa renovação bendita, há tanto aguardada, vão já amadurecendo na árvore mil vezes abençoada e santa do Evangelho.

Aos trabalhadores da Seara, desde o primeiro até o último no espaço e no tempo, a nossa gratidão e a do Mestre que disse: um é o que semeia; outro o que ceifa.

Emmanuel

"*Resplandeça a vossa luz.*" (Mateus 5:16)

A quem estivesse empenhado em se reformar moral e evangelicamente, bastaria ouvir falar da luz de Cristo, do esplendor inefável de Deus, para experimentar sagrado estímulo. Aos corações mais humildes seria suficiente a claridade de outros que encontrassem o relato de uma vida nobre, o exemplo de uma ação cristã e altruísta, para que se tocassem, por sua vez, de claridades eternas e inextinguíveis.

Agora as sombras, se por um lado são mais audazes e espessas, por outro se vão dissipando pela aproximação do Sol Crístico. Subam ao seu encontro quantos em si tragam as claridades evangélicas e as certezas do Espírito, e o inigualável clarão redimirá o mundo e a humanidade.

Emmanuel

"*Este Evangelho será pregado por toda a terra e, então, virá o fim.*" (Mateus 24:14)

Divulgado tem sido o Evangelho há muito, mas não veio o fim do mal e da impiedade. A divulgação de que fala Jesus é a do Evangelho redivivo e restaurado em sua pureza primitiva.

Essa a tarefa maior da Doutrina Espírita: purificar o Evangelho. Para isso, se adestram agora milhares de médiuns em toda a Terra. O Evangelho resplandecerá agora como o sol em seu fulgor meridiano, nos corações e nas mentes de todos os habitantes do planeta. E aqueles que não se evangelizarem, em espírito e em verdade, serão apartados e lançados às trevas exteriores.

Evangelizem-se a si próprios os médiuns, aprendizes, servidores e discípulos, pois só a evangelização genuína e profunda lhes dará visto de permanência na Terra renovada do Terceiro Milênio.

Simão

"*Havendo o Cordeiro aberto um dos selos, ouve: vem, e vê.*" (Apocalipse 6:1)

Rompeu-se já um dos selos, o Mestre nos diz: Vem e vê. Se dissesse "vem e vê" a nós, pobres Espíritos presos à terra, poderíamos dizer: Senhor, não sou digno de subir e de ver contigo.

Mas Ele vê bem a nossa insignificância espiritual, e nos diz simplesmente: "Vem e vê". E mais: "Crê, confia, prepara-te".

O testemunho durará um instante, a recompensa ao vencedor será eterna.

Emmanuel

"*Vem e vê.*" (Apocalipse 6:1)

Eis o convite de Jesus à humanidade de hoje.

Vai longe o temível "crê ou morre" dos irmãos que, bem-intencionados, embora, a ferro e fogo quiseram implantar o Evangelho de Jesus, esquecidos de que era este a doçura inefável, a fonte mais pura da mais cristalina água.

Vem e vê. "Vem como estás, vem como puderes; eu te guiarei por sobre as águas revoltas e turvas. Estende tua mão, toma a que te ofereço, forte e segura. Vê: vê como podes, vê o que alcanças; aquele que olha com boa vontade, com o olho bom que ilumina todo o corpo, extrairá de toda a visão o fortalecimento para a fé, a esperança e a caridade, e vencerá."

Eis a solene promessa de Cristo nesta hora. Confiemos e agradeçamos.

Emmanuel

"*E saiu vitorioso, e para vencer.*" (Apocalipse 6:2)

Cristo não falha. Falham os homens.

Muitos são os que buscam a própria derrota: oferece-lhes Cristo a luz, preferem as trevas; dá-lhes saúde para o corpo e o espírito, escolhem a doença de um ou de outro, e ainda de ambos; dispõe-se a guiá-los pessoalmente de volta à Casa Paterna, mas elegem a situação triste de comensais de porcos.

É o livre-arbítrio aviltado, que lhes será cerceado, pois atados de mãos e pés, e lançados às trevas exteriores, acabarão por aceitar qualquer mão que os guie, ou prometa guiar.

Por estes desde já oramos: que lhes não falte mão amiga e sábia que os conduza de volta ao Paraíso Perdido, à nossa bendita Escola Planetária, redimida pelo esforço de Jesus e de Seus prepostos, que antes mesmo que o mundo fosse mundo, já haviam vencido e cumprido sua sagrada missão.

Bezerra

"*E saiu vitorioso, e para vencer.*" (Apocalipse 6:2)

Fala-se em terrível batalha, em Armagedon, na qual se decidirá a sorte da humanidade; definir-se-ão os redimidos em Cristo, achados dignos de habitarem a nova terra em que não haverá morte, nem lágrimas, nem dor. Como, pois, o Cavaleiro é visto, há dois mil anos, como vitorioso? Porque antes mesmo da batalha, sua já é a vitória; suas mãos santas jamais descansaram, seja empunhando o cajado humilde de pastor de almas, seja vibrando a espada.

Sua palavra é cortante como espada de dois gumes; seu verbo iluminado é bem o Verbo do Princípio. É Ele vitorioso desde sempre, desde antes da luta, antes mesmo que o mundo fosse mundo, para que se cumpram as Escrituras, que jamais falharam: não cairá um til ou um jota que não seja cumprido.

Gandhi

"*E, saiu outro cavalo, vermelho, e ao que estava assentado sobre ele foi dado que tirasse a paz da Terra.*" (Apocalipse 6:4)

Foi Cristo o mensageiro e o portador de uma paz inefável, que o mundo não pode dar. Essa paz inexprimível o mundo não poderia arrebatar, pois sobre ela o cavaleiro fatídico não tem poder. Só o tem sobre a paz fictícia de que o mundo às vezes guarda aparências, que mal disfarçam a ebulição interior, mal ocultam inesgotável e perverso arsenal.

Nada temam os que trazem a paz de Cristo em seu íntimo: nela não poderá tocar o anjo mau. É vínculo fortíssimo entre seu detentor e o Mestre. E esse vínculo sagrado embotará sempre a arma sacrílega que o queira cortar.

Emmanuel

"Eis um cavalo preto; e o que sobre ele estava assentado tinha uma balança na mão." (Apocalipse 6:5)

Época de avaliação, de aferição de valores e de obras.

Não importa quem tenha a balança em sua mão: se o Cavaleiro de Branco, se o que se assenta sobre um cavalo preto: pesados e medidos seremos todos.

Poucos receberão do próprio Mestre o seu veredito, sempre compassivo e bom. Espíritos gravemente compromissados com o mal são, comumente, julgados pelos seus semelhantes, já nos tribunais terrestres, já nos espirituais.

Que o Senhor nos ampare, para que sejamos achados dignos de recorrer ao mais alto Tribunal na hora do juízo, pois só de Jesus e de Seus prepostos podemos esperar compaixão e socorro efetivo para nós como Espíritos endividados.

Bezerra

"E olhei, e eis um cavalo amarelo e o que estava assentado sobre ele tinha por nome morte." (Apocalipse 6:8)

A morte é o fecho inevitável e doloroso da vida nos planos inferiores. Também em planos mais altos, porém ainda materiais, ocorre a morte de todo o envoltório físico das centelhas anímicas, distante porém da angústia, sofrimento e revolta próprios dos planos menos elevados.

A morte do corpo é a ressurreição do Espírito, que encarcerado na matéria, não poderá nunca manifestar a plenitude de seus poderes e dons, faculdades e recursos interiores.

Viva-se em espírito e verdade o Evangelho de Jesus, e o chamado transe doloroso será invariavelmente a alvorada de uma libertação feliz e tranquila.

Gandhi

"*Tinha por nome morte.*" (Apocalipse 6:8)

Não quereis vir a mim para terdes vida, declarou Jesus.

Aquele que não receba das mãos do Mestre a vida, estará fatalmente escolhendo a morte.

Não se admite mais o cômodo estado de hibernação; o pensamento de deixar para amanhã, para melhores dias e oportunidades, o esforço de reforma interior e de abnegação e serviço a Cristo e ao próximo, será fatal a quem não o alije prontamente de si.

Despertarão todos, um a um: os mais afortunados entre os adormecidos, pelo eco vibrante das palavras de Jesus, que ressoam por todo o céu; os menos afortunados, pelo aguilhão da dor. E uma vez despertos, caber-lhes-á a escolha entre o posto glorioso ao lado de Cristo já vencedor, ou a execração, por longos séculos, entre as forças infelizes e cegas do mal, já derrotadas.

Oração e vigilância, recomendou o Mestre.

Emmanuel

"*Ao que vencer darei uma pedra branca, e na pedra um novo escrito, o qual ninguém conhece, senão aquele que o recebe.*" (Apocalipse 2:17)

Faz-se a chamada dos militantes na Seara de Cristo. Distribuem-se os postos. Determinam-se as tarefas.

A cada um se dá um nome, previamente inscrito no Livro da Vida. Ai daquele que desonre e deslustre esse nome. Inscrever-se-á, não o novo nome que a divina bondade lhe empresta, mas o seu próprio, no livro triste dos Exilados da Terra.

Simão

"*Estes são os que lavaram as suas vestes no sangue do Cordeiro.*" (Apocalipse 7:14)

Em todas as épocas supôs-se que o sangue alheio, de vítima inocente, pudesse salvar e redimir, expungir de faltas e de erros, propiciar a Divindade.

Despertou-se mais tarde para entendimento mais lúcido e verdadeiro: o sangue, em si, jamais lavaria veste alguma. Mas o sentido com que se receba o sacrifício do Mestre, desde o seu esforço hercúleo para chegar ao plano material e nele encarnar, até a consumação dolorosa na cruz infame, esse sentido sim, lava as vestes e purifica aquele que as enverga.

São as vestes do Espírito que se purificam; são a alma, o coração e o entendimento que, transcendendo tudo o que à terra pertence, toda a gloríola ínfima e vaidade fútil, chegam radiosos e iluminados aos pés de Jesus que, pelo seu sangue e pelas suas lágrimas, nos tornam a todos cativos seus.

Gandhi

HORA DE DEFINIÇÕES

Para que o mundo chegue à condição de Regenerado, mister se faz o esforço de regeneração própria, de qualquer que pressinta a gravidade da hora que passa, prenhe de significação espiritual e cósmica.

Por ser hora de definições, o mau é tão mau e o bom tanto se vai acrisolando na bondade; o impuro tanto se chafurda e o puro mais se purifica; o perverso requinta a própria perversidade e o evangelizado mais se evangeliza, cristifica-se.

"Assim porque és morno e não és frio nem quente, vomitar-te-ei de minha boca." Já não haverá mornos, a época os não comporta.

Todos se hão de definir, queiram ou não. Só assim, ante a clara definição de cada um, ante a sua bem visível colocação à direita ou à esquerda do Cordeiro, é que o Supremo Juiz dirá quem será levado e quem será deixado.

Aprazam aos céus sejamos deixados ou levados, tudo aceitemos com humildade e gratidão, pois o Senhor sabe o de que necessitamos antes mesmo que Lho peçamos.

Simão

"*Ai dos que habitam sobre a terra.*" (Apocalipse 8:13)

Não nos diz o anjo: ai dos que, habitando a terra, em espírito e verdade, vivem como se habitassem o céu.

Aquele que tem os pés na terra e a mente e o coração voltados e erguidos para Jesus, não será do número dos que o anjo lastima.

Esse ai dolorido e lamentoso é endereçado aos que habitam a terra e nela põem toda sua esperança. Dirige-se aos que não sabem e não querem saber que há uma Grande Pátria Espiritual que os aguarda. Destina-se aos que pensam — fatal engano — que são apenas o corpo de carne que lhes foi dado por Deus para seu aprendizado, e não percebem que esse corpo é terra e é da terra e à terra voltará, mas o espírito é imagem e semelhança de Deus, é de Deus e a Ele voltará.

Simão

"*E jurou que não haveria mais demora.*" (Apocalipse 10:6)

Não demorou o Mestre Amado em retornar à Terra. Declarou Ele: eis que estou convosco até a consumação dos séculos. Os homens é que não quiseram permanecer em Sua divina convivência.

Agora é o momento da grande decisão: escolhe cada um a direita ou a esquerda de Cristo. Todos são chamados, e esperamos em Deus sejamos todos escolhidos.

Não seria o Mestre quem designaria lugar à Sua direita ou esquerda, para Seus irmãos menores a quem tanto ama: nós é que nos designamos pessoalmente para a sombra ou a luz, a esquerda triste dos Exilados da Terra, ou a direita radiosa dos Eleitos de Jesus.

Cairbar

"*E ouviram uma grande voz do céu que dizia: subi cá.*" (Apocalipse 11:12)

Em todas as épocas desceram dos céus as maiores bênçãos, e até mesmo que bênçãos não pareciam ser para alguns: desceram as Tábuas da Lei, as pragas do Egito, o maná para os hebreus no deserto; desceu o Espírito Santo, como pomba, sobre o Mestre, desceram Moisés e Elias no Tabor, desceu um anjo a confortar Jesus no horto; desceram mil revelações. E desceu Aquele que é o maior de todos: Jesus Cristo.

Já depois foi Paulo conduzido ao terceiro céu; foi João, na ilha de Patmos, arrebatado em Espírito.

É símbolo claro, sem necessidade de interpretação: o tempo em que os céus descem à terra não passa e não passará; mas é já tempo de que também a terra suba aos céus.

Simão

"*Estamos rodeados de uma tão grande nuvem de testemunhas.*" (Hebreus 12:1)

Testemunhas cruéis e acusadoras rondam atentas para atacarem e destruírem as promessas de redenção das criaturas. Mas é Cristo quem nos redime e ganhará a todos, cedo ou tarde.

Não importa o mais escabroso passado, desde que tenha havido emenda e correção. Pela prece e pela reforma interior transcende-se todo laço infeliz e granjeia-se por afinidade sagrada uma nuvem de testemunhas compassivas e poderosas que amparam o esforço de libertação espiritual do aprendiz e do discípulo.

Cresce a nuvem de más e infelizes testemunhas a rodearem as criaturas? Cresce ainda mais a falange de entidades boas e altruístas enviadas pelo Mestre.

Simão

"*Estamos rodeados de testemunhas.*" (Hebreus 12:1)

No tribunal de Deus vão-se colocando os réus e as testemunhas, os advogados e o júri.

Réus somos todos, nossas testemunhas são nossos atos e nossas intenções. Por advogados temos nossos benfeitores espirituais; o júri são as nossas vítimas e aqueles poucos a quem tenhamos de alguma forma beneficiado.

Confiemos: o Grande Juiz é compassivo e bom; Jesus por nós intercede.

Bezerra

"*Mas não prevaleceram.*" (Apocalipse 12:8)

No momento em que o mal parece triunfar, vem a sofrer maior derrota. Leia-se a história da humanidade e a do cristianismo. Quando o mundo parece prestes a soçobrar, toma o Mestre invariavelmente o leme da imensa embarcação, acerta-lhe o rumo, e ela prossegue mais segura.

Relata o Evangelho que na hora da crucificação houve trevas sobre toda a terra, porém abriram-se os sepulcros e os ressuscitados apareceram a muitos.

Repete-se a história: agora que a treva e o mal parecem prestes a vencer, toma o Cavaleiro de Branco mais firmemente a direção de seu exército de luz e de paz. E a luz e a paz triunfarão, porque de Jesus vem esses sagrados atributos, e Ele não retira os dons e talentos dos servos que tenham um mínimo de boa vontade; sobre esta, não prevalecerá jamais a vontade má.

Bezerra

"*E foi-lhes permitido fazer guerra aos santos, e vencê-los.*" (Apocalipse 13:7)

A temível Besta apocalíptica não poderá jamais vencer o Santo dos Santos, nosso Divino Mestre e Redentor. Nem vencerá os que sejam verdadeiramente santos, já detentores de uma grande e segura evolução espiritual. Vencerá aparentemente, por um pouco. Mas logo triunfarão os bons, os iluminados.

Será uma vitória de ilusão, a da Besta apocalíptica: após um breve triunfo, ver-se-á ela desolada, vencida e só: todo o seu exército terá sido lançado no rol dos Exilados da Terra.

E o bem triunfará, pelo Cristo e seus prepostos, numa vitória sem fim.

Gandhi

"*Ide, e derramai sobre a Terra as sete salvas da ira de Deus.*" (Apocalipse 16:1)

Deus é amor, Cristo é amor também. Donde vem, pois, que Deus encha salvas de ira e as mande derramar sobre a Terra?

A terra é que se ira, e sua vibração infeliz é recolhida e sobre ela será despejada. É a terra que, desatendendo aos ensinamentos do Divino Mestre, para si criou um carma coletivo e doloroso, que terá de resgatar.

Das mãos de Deus só procedem bênçãos, mas se persistirmos no mal, triste e má será a colheita futura.

Perguntarão: não haverá mais tempo? Não se poderá tudo reparar? Sim, pode-se. Para Deus mil anos são como um minuto, e um minuto, como mil anos. Saulo foi detido por um instante às portas de Damasco, e nesse instante tornou-se Paulo.

Multiplicam-se as portas de Damasco. Ante cada criatura achar-se-á uma, e junto a cada uma, Jesus ora e espera.

Tenhamos olhos de ver, e O veremos.

Simão

"*E o seu reino se fez tenebroso.*" (Apocalipse 16:10)

Tenebroso já era o reino, se o não fosse não se tornaria, desde que vigiassem seus governantes e governados, desde que orassem. O que ocorre é que as trevas em que antes se compraziam, passaram a ser para eles motivo de tormento e aflição. Começaram a sentir-lhes o peso. Então, atormentados, aflitos e opressos, "mordiam suas línguas de dor", como conclui o mesmo versículo.

Assim se faz o progresso espiritual: o mal, a sombra e o vício, todas as formas de ignorância e de inferioridade, parecem muito agradáveis aos que neles se comprazem. Têm os olhos fechados, os ouvidos cerrados à luz e à palavra do Mestre.

No momento em que o Senhor determina que devem despertar, faz-se-lhes tenebroso o reino que antes julgavam muito claro, aflige-os uma dor que não sabiam existir. É o Espírito que nasce para a espiritualidade, a luz interior que deseja brilhar, o filho pródigo que inicia o retorno à casa paterna. E ninguém nasce sem dor, nenhuma luz se acende sem batalhar contra a sombra; a marcha de regresso é árdua.

Que o Evangelho mil vezes bendito ilumine a todos, para que o seu reino espiritual seja luminoso e, o quanto possível, ameno e confortável nesta hora de sombra, sacrifício e luta.

Cairbar

"*Adora a Deus.*" (Apocalipse 19:10)

Só o Criador é digno de adoração, através de Jesus.

Inclinamo-nos muitas vezes ante outras entidades, ante criaturas, quando só nos deveríamos curvar perante o Criador.

É engano frequentemente fatal; a criatura é falha, o Criador é perfeito; a criatura é falível, o Criador é infalível; a criatura hoje ama e amanhã detesta, o Criador é o Amor Infinito; a criatura é incompleta em tudo, não pode ter o senso de justiça perfeita, não pode, por mais que o queira, evitar alguma hesitação, dúvida ou temor; o Criador é a perfeição, a vontade absoluta, que não hesita nem erra.

Adoremos a Deus do fundo de nossas almas. Ele o Todo, nós as pequeninas parcelas de uma limitação frequentemente pretensiosa e vã, que reclama o corretivo da humildade.

Cairbar

"*Fiel e verdadeiro.*" (Apocalipse 19:11)

Fiel e verdadeiro é Deus, fiel e verdadeiro é Jesus.

Tivessem as criaturas uma pequena porção de fidelidade e de veracidade em seus corações, e a Terra bem depressa se redimiria. Faltam, porém, à fidelidade até para consigo mesmas, enganam e mentem a si próprias. Aos semelhantes, então, nem o diremos.

Mas onde se enganam é em pensar que poderão jamais enganar a Deus. Ele vê o íntimo de cada um, onde a própria pessoa não ousa olhar.

A era de engano e de desespero vai terminando. O Fiel e Verdadeiro chega à Terra para estabelecer o seu dia de justiça e verdade.

Estarão na Terra para recebê-Lo os que tiverem em seus corações essas grandes virtudes.

Cairbar

"*Vinde e ajuntai-vos à ceia do grande Deus.*"
(Apocalipse 19:17)

Entendeu sempre a humanidade que o serviço a Deus é provação, penúria, jejum e cilício, ausência de alegria.

Nada mais distante da realidade: a imagem evangélica é clara: o Mestre nos convida ao banquete celestial, não ao sofrimento.

Com as mãos puras e lavadas, com o coração alegre e jubiloso, aproximemo-nos da mesa posta para nós pelas mãos divinas e pelo coração luminoso de Jesus e nela certamente acharemos lugar.

Emmanuel

"*E nela não vi templo, porque o seu templo é Deus e o Cordeiro.*" (Apocalipse 21:22)

Toda edificação humana, por mais respeitável, será um dia desnecessária. O Espírito livre não necessita de fórmulas de libertação. A criatura ligada a Deus pela prece e pelo amor, não necessita de templo. O ser perfeitamente evangelizado dispensará o estudo do Evangelho, embora estejam as palavras do Mestre fadadas a permanecer para sempre na Terra, como relíquia santa e venerável.

Em comunhão íntima e perfeita com o Criador e o Divino Mestre, seu coração, sua mente e todo o seu corpo serão o templo sagrado do Espírito santificado e redimido pela fé e pelas obras.

Bezerra

"*O Cordeiro é a sua lâmpada.*" (Apocalipse 21:23)

O Mestre é a luz do princípio, que até o fim há de alumiar a Terra com o seu fulgor santo. Encontrasse a Sua luz espelho em que se refletisse em cada alma, e a Terra seria morada dos deuses que, lembrou-nos o Mestre, somos nós mesmos (João 10:34).

Queiram ou não queiram, as criaturas refletem a luz de Cristo, de uma ou de outra forma: trazem algumas o espelho da própria alma, sujo e embaçado, e o reflexo é pobre; umas outras o trazem limpo e cintilante de amor e boa vontade, de lucidez e entendimento, de reflexo glorioso.

Na Terra renovada do Terceiro Milênio não haverá lugar para o reflexo pobre e sombrio. Será preciso que se dê polimento aos vidros da própria alma para que eles cintilem dignamente à luz Divina. E os recursos para esse imprescindível polimento são a oração e a vigilância, o estudo e o trabalho, a humildade e a abnegação.

Emmanuel

"*E as suas portas não se fecharão.*" (Apocalipse 21:25)

Apertam-se os corações, velam-se os olhos de lágrimas ao lerem nossas páginas. Estremecem alguns ante as palavras "Exilados da Terra". Temem e tremem.

Nossas mensagens, as mensagens deste livro que as bênçãos generosas do Criador nos permitiram trazer aos nossos companheiros de humanidade, são portadoras de paz e de esperança, não de inquietação e de desânimo. Foi esta a condição que o Mestre impôs aos seus colaboradores humildes e sinceros. Assim como os pais terrestres não têm a intenção de atemorizar seus filhos, ao advertirem-nos sobre os perigos do mundo e da vida, também nós não desejamos, sob a égide sacrossanta de Deus e de Jesus como estamos, senão alertar, sem intenções de levar o receio a quem quer que seja. Avisar é obrigação de amigo, assustar é leviandade.

Mas se alguém se assusta e esse susto o leva a emendar-se; se alguém teme, e esse temor o conduz à virtude; se alguém experimenta um presságio triste ao ler e ouvir sobre os "Exilados da Terra" e esse presságio o faz buscar no Evangelho de Jesus o remédio para seus males espirituais e o impulso sagrado para a reforma interior, então nos sentiremos felizes e recompensados pelo nosso esforço, neste trabalho que aos pés do Divino Mestre depositamos.

E não se olvide que também no Planeta do Exílio há um outro Cristo, amoroso e bom, e aguarda seu retorno; para isto, "suas portas não se fecharão". O Cristo do planeta a que se destina a caravana em preparo dos Exilados da Terra, os aguarda em prece de gratidão a Deus pelo auxílio que lhe prestarão todos, levando aos Seus tutelados as noções das grandes conquistas da civilização, e mais o impulso sagrado, fruto do remorso, de recuperarem o tempo e a oportunidade perdidos, no campo do Evangelho e da espiritualidade.

No ambiente rude e hostil, que se irá suavizando e iluminando pelo trabalho sacrificial de todos, também há de brilhar um dia uma Estrela de Belém.

Que o Senhor desde já a todos ilumine e abençoe, naquela casa planetária distante, para que lá não haja também um Calvário, mas uma aceitação plena e humilde do Evangelho universal.

Simão

"*Eis que presto venho.*" (Apocalipse 22:7)

Não passará esta geração sem que todas estas coisas aconteçam, declarou o Mestre. E sabem os espíritas a que geração se referiu: não a uma das que há milênios se sucedem na Terra, mas um ciclo evolutivo, a uma sequência de fatos e sucessos levando à consolidação do Evangelho na Terra. E esse ciclo chega ao fim: presto virá o Senhor.

Seus mensageiros percorrem a Terra toda, na sua configuração física e astral, arrebanhando as ovelhas para o sagrado redil; virão todas as que tragam já um pouco de claridade espiritual, só ficarão de fora as que se obstinarem na maldade e no vício, na revolta blasfema e na impiedade, na negação de Deus e de Cristo.

É responsabilidade dos chamados e escolhidos, ampararem os chamados em risco de serem rejeitados para que possam estes renovar-se no Evangelho e alcançar a mesma gloriosa salvação.

Simão

"*Adora a Deus.*" (Apocalipse 22:9)

Na adoração tola de si mesmos, de seus pobres corpos votados à morte, de suas propriedades mesquinhas condenadas à extinção, vive grande parte da humanidade. É cegueira e ignorância.

Só a Deus se deve adorar, fugindo a toda idolatria. Muitos jamais se inclinariam ante um ídolo, ou imagem santa, ainda que soubessem abençoados pela fé singela de crentes sinceros e humildes. É certo que assim atendem a vontade de Deus, que ordenou: "não terás outros deuses diante de mim".

Mas deveriam ter também escrúpulos quanto a outras adorações ainda mais lastimáveis. Inclinar-se ante os ídolos baratos e desprezíveis dos símbolos e instrumentos de vícios e paixões, e neles despender horas e energias preciosas, é a pior das idolatrias: vil é o que adora, e vil o que a adoração recebe.

Inclinemo-nos ante Deus e Seu Filho Amado. Estes nos estendem mãos compassivas e nos dão asas com que subamos ao Seu encontro.

Gandhi

"*Quem é injusto, faça injustiça ainda.*" (Apocalipse 22:11)

Singular seria a recomendação acima, se tomada em sentido literal. Mas seu significado é mais profundo.

Há Espíritos de tal forma enquistados no mal, que é inútil lhes dizer: sede bons, praticai a caridade, vivei na virtude e na renúncia. Seria, por agora, o mesmo que pedir ao cego que veja a luz.

Mas isto não significará jamais que o Mestre lave as mãos na indiferença de um Pilatos; significa, isto sim, que Ele generosamente respeita o livre-arbítrio de cada um, até o extremo limite possível, além do qual há necessidade de medidas coercitivas, quais as da paralisia e da loucura total, remédios santos para quem não saiba utilizar os recursos preciosos da saúde e do raciocínio.

Quem é injusto, faça injustiça ainda, se não tem o mínimo de compreensão evangélica que o leve a modificar-se. Mas não espere misericórdia da justiça divina, pois na Terra Renovada do Terceiro Milênio não haverá lugar para os injustos: farão todos parte do cortejo sombrio dos Exilados da Terra, rumo a um planeta triste e primitivo, onde aprenderão arduamente a amar a justiça em todas as suas formas.

Bezerra

"*Eu, Jesus, enviei o meu anjo para vos testificar estas coisas nas igrejas.*" (Apocalipse 22:16)

Se as igrejas da Terra não tivessem lamentavelmente — para não dizer criminosamente — truncado os dons espirituais de seus fiéis, de há muito a Terra estaria redimida.

Houveram por bem esquecer a sessão espírita presidida pelo Divino Mestre no Tabor. Fizeram-no por humildade, talvez, julgando-se indignos de tão alta mercê.

O Mestre escusa essas manifestações de humildade: serão louváveis no fundo, mas prejudicam e entravam o progresso da humanidade.

Jesus envia Seus anjos às igrejas para que testifiquem. Quem ousará fechar suas portas e vedar-lhes a entrada?

Eis que estou à porta e bato, prossegue o Redentor em Sua revelação. Ai de quem a não escancare de par em par a fim de receber o Divino Mensageiro.

Simão

"*Não ficará pedra sobre pedra.*" (Mateus 24:2)

O homem elevado edifica sem recuo, mas a criança espiritual tem o prazer maior em derrubar, destruir, aviltar se possível. Não vê a beleza e a ordem como bens, mas como incentivo ao vandalismo. Que fazer? A natureza não dá saltos.

Mas quem derrubar voltará, para reerguer. Voltará, ainda que de joelhos e em lágrimas, envolto no manto triste dos penitentes e na amargura dos arrependidos. Voltará, porque não só na Terra, mas também no plano espiritual existe a palavra justa, que é: "a torre sagrada que toques com mãos levianas, voltarás a erguer mais alta do que era".

Emmanuel

DÁDIVAS ESPIRITUAIS

Minhas flores trago.

Os outros, os batalhadores heróicos de Cristo, trazem-vos armas e escudos. Há grande mister deles. A batalha já se iniciou.

Mas não só mãos e braços precisam estar armados e protegidos: os corações necessitam de alegria, de coragem, de bom ânimo, de uma fé renovada e feliz. E as flores foram feitas por Deus para trazerem estas mensagens singelas, de beleza e tranquilidade, de pureza suave, colorida, harmoniosa. E são estas as qualidades interiores de que necessitarão os exércitos de Cristo, na grande batalha que se esboça.

Recebam pois das mãos das legiões celestes as armas e as armaduras; e das mãos humildes minhas, as flores festivas, a mensagem de paz íntima.

Também solicito que haja campo adequado para que minha humilde oferenda floresça, trescalando perfume, espalhando beleza, alegrando os corações e fortalecendo a fé e a esperança que todos depositam no Cavaleiro de Branco.

Rogo o ar purificado em que as flores são mais viçosas.

Rogo a atmosfera espiritual em que elas também se espiritualizam.

Rogo a vibração de amor em que também as mônadas que nelas vivem ensaiam o amor.

Rogo a pureza ambiente para elas, para que minhas mãos desçam à Terra e, desta, possam subir, radiosas, como oferenda de amor e humildade para Jesus.

Castelã

"*Mede o templo de Deus e os que nele adoram.*"
(Apocalipse 11:1)

Medidos são todos os templos e todos os colaboradores. Chegou a hora do juízo. Não diremos juízo final, pois estaríamos pondo termo à divina e infinita misericórdia. Mas é o juízo, o julgamento e a avaliação de todas as instituições humanas, sagradas ou profanas. E a medida é justa, ainda que misericordiosa. Funciona como nunca o critério da justiça aliada à piedade imensa do Criador para com as criaturas. É belo o espetáculo que do plano espiritual se descortina: movimentam-se legiões de trabalhadores, analisam-se petições, aceitam-se intercessões.

O Divino Mestre, que após a multiplicação dos pães e dos peixes recolheu as sobras, agora recolhe com Suas mãos generosas e puras toda centelha de luz, toda ação boa, toda intenção verdadeira de serviço ao bem e de culto à virtude. Nada escapa ao Seu olhar amoroso e percuciente. E toda fagulha de luz que exista nas almas é por Ele recolhida e levada ao Supremo Juiz. Seu verbo, ao apresentá-la ante a Infinita Majestade, é de piedoso amor, é uma rogativa sincera e humilde: "Vê, Pai, este tem já em si a luz a ponto de se acender. Deixa-o ficar."

É comovente o carinho de Jesus; se o visse os homens, a luz interior de cada um brilharia mais que mil sóis, e estes sóis se ergueriam ao encontro do Sol Crístico, numa fulguração sublime que iluminaria o Universo.

Brilhe a vossa luz, recomendou o Mestre. Que ela brilhe efetivamente e faça desaparecer toda a sombra, para que a Terra Renovada do Terceiro Milênio a todos possa reter em seu regaço generoso e amigo.

Ismael

Aliança

Publicações Aliança

Bezerra de Menezes,
o médico dos Pobres
Vida e obra do Dr. Bezerra, numa de suas melhores biografias

O Cristianismo Primitivo
Os acontecimentos históricos que levaram às distorções dos ensinamentos originais do Cristo

Religiões Cristãs
Estudo sobre as religiões cristãs e suas doutrinas.
Leia este livro e confirme sua fé.

Um só caminho-
Evolução,Saúde, Reforma Íntima
As causas de nossas desequilíbrios que levam à perda da saúde

Edgard Armond, meu pai
A história do homem que criou as escolas de Espiritismo no Brasil.

Edgard Armond, um trabalhador na Seara Espírita
Correspondências pessoais sobre questionamentos doutrinários.

Diferenças não separam
Obra médiunica, pelo Espírito Raniere, com abordagem segura sobre assuntos diversos

O Raio X do Livro Espírita
Tudo sobre a elaboração so livro espírita, do começo ao fim.

Iniciação Espírita
Curso regular das Escolas de Aprendizes do Evangelho.

O Redentor
Vida, obra e ensinamentos do mestre da Galileia.

FDJ Perguntas e Respostas
Perguntas com respostas sobre a Fraternidade dos Discípulos de Jesus.

EAE Perguntas e Respostas
A essência e as questões mais relevantes do processo iniciático da Escola de Aprendizes.

Aliança

Temas Doutrinários e Evangélicos

Relembrando o Passado
Casos diversos vividos em 35 anos de experiências comunitárias

Cometários Evangélicos
Comentários evangélicos pelo dr. Bezerra de Menezes.

Verdades e Conceitos I e II
Ideal da Aliança em importantes resoluções históricas.

Livre-Arbítrio
O livre-arbítrio e a evolução do espirito são aqui dissecados na lógica espírita.

Religiões e Filosofias
Estudo comparado entre as religiões e filosofias de ontem e de hoje.

Respondendo e Esclarecendo
Respostas e centenas de questionamentos sobre Doutrina Espírita.

Na Semeadura I
Temas doutrinários abortados com objetivo e clareza. da mediunidade.

Enquanto é Tempo
Pontos essenciais da Doutrina Espírita.

Salmos
Enaltecimento à evolução e à reforma íntima pelo Evangelho.

Mensagens e Instruções
Importantes mensagens de Edgard Armond aos trabalhadores Espíritas.

Lendo e Aprendendo
Mais temas doutrinários com índice remissivo de *Na Semeadura II*

Na Seara do Evangelho
Focaliza assuntos da vivência diária, com explicações doutrinárias.

Tiradentes Missionário
Prosa e verso sobre o momento espiritual da inconfidência e tiradentes missionário.

Falando ao Coração
Coletânia com orientações que auxiliam na transformação do homem velho para o homem novo.

O Espiritismo e a Próxima Renovação
Coletânia de estudos doutrinários temas diversos.